Mollie
HACE...
LABORES
CON PÁJAROS

♥ guarde ♥ coleccione ♥ diseñe ♥ cree

BLUME

CONTENIDO

HAGA PUNTO
Y GANCHILLO,
COSA, BORDE

CORTE Y
TROQUELE PAPEL

DEJE VOLAR SU FANTASÍA

En este libro le presentamos una maravillosa colección de amigos con plumas hechos con las labores más diversas: ganchillo, punto, costura, técnicas de fieltro, corte y doblado de papel, entre otras. En él encontrará simpáticos y originales pájaros de todas las formas y tamaños, como gallinas, búhos, cotorras, pingüinos, gallos, periquitos, pájaros carpinteros y muchos más. Cada uno de ellos es una delicada obra de arte que lleva el estilo de la firma de *Mollie Makes*.

Labores con pájaros, que contiene más de veinte nuevas propuestas de las diseñadoras predilectas de la revista *Mollie Makes*, pone de manifiesto nuestra pasión por las manualidades. En el mundo frenético en el que vivimos, para nosotras es un auténtico respiro volver a sacar las agujas y hacer punto, ganchillo y costura.

Con fantásticos accesorios que podrá guardar en su casa, además de ideas que podrá hacer realidad y regalar, esta práctica obra satisface el deseo cada vez mayor de crear algo personal, divertido y único. Emily Peacock, una diseñadora de bordados en cañamazo, presenta sus dos magníficos pajaritos bordados con hilos de brillantes colores. O, si prefiere los pingüinos, la experta en ganchillo Ilaria Chiaratti tiene el cojín perfecto para usted. ¿Sabe de alguien que críe gallinas? Una de las diseñadoras predilectas de *Mollie Makes*, Gretel Parker, comparte sus habilidades con el fieltro y ha creado toda una familia de gallos, gallinas y polluelos de lana.

No se pierda tampoco la preciosa pajarera de Mollie Johanson, en la que se mezclan bordados y apliques de fieltro de vivos colores. Si lo que busca es un nuevo diseño de los típicos cuadros de ganchillo, la manta de cuna con regordetes pajaritos de Greta Tulna no la defraudará. No debería tener preferencias, pero debo confesar que me encanta la funda de fieltro gris para Kindle con los apliques de búhos naranjas, obra de Charlie Moorby. ¡Uh-uh!

Todos los proyectos son fáciles de hacer, y van acompañados de unas fotografías e instrucciones paso a paso, junto con consejos útiles. Aunque muchos son adecuados para principiantes, el espíritu de *Mollie Makes* es animarla a probar y enorgullecerse del resultado final. ¡Sabemos valorar la imperfección!

Le deseo de corazón que disfrute haciendo estas manualidades.

Jane

Jane Toft
Directora de *Mollie Makes*

FUNDA CON BÚHOS

DE FIELTRO CON APLIQUES PARA KINDLE

GUARDE SU KINDLE EN ESTA SENCILLA FUNDA DE FIELTRO, DECORADA CON TRES BÚHOS MUY ATENTOS.
SE HA ESCOGIDO UNA COMBINACIÓN UNISEX DE GRIS Y NARANJA, PERO, SI DESEA UN TOQUE MÁS FEMENINO,
PRUEBE CON UNOS ATREVIDOS TONOS ROSADOS Y MORADOS. PARA ADAPTAR EL DISEÑO A CUALQUIER
TIPO DE LECTORES, BASTA CON REDUCIR O AMPLIAR EL NÚMERO DE APLIQUES DE BÚHOS.

DISEÑO
ADAPTABLE

CÓMO HACER... UNA FUNDA CON BÚHOS PARA KINDLE

MATERIAL

UNA PIEZA DE FIELTRO GRIS CLARO DE 16 × 23 CM PARA LA TAPA ANTERIOR

UNA PIEZA DE FIELTRO GRIS OSCURO DE 16 × 23 CM PARA LA TAPA POSTERIOR

FIELTRO PARA LOS APLIQUES: TIRA GRIS OSCURO DE 4 × 20 CM Y RETALES DE COLOR BLANCO, NARANJA Y AMARILLO

HILOS DE BORDAR A JUEGO CON LOS COLORES DEL FIELTRO

AGUJA DE BORDAR

TIJERAS

CONSEJO

Puede cambiar el tamaño de las piezas para las tapas anterior y posterior de modo que se ajuste a su dispositivo, pero piense en añadir un margen de costura de 1 cm para hacer el ribete con punto de festón.

01 Utilice las plantillas del final del libro para recortar las piezas de los apliques de la siguiente forma: del fieltro amarillo, tres cuerpos de búho; del fieltro naranja, tres plumajes para las cabezas de los búhos, tres alas izquierdas y tres alas derechas; del fieltro blanco, seis ojos, tres libros, tres lomos y siete hojas; del fieltro gris oscuro, tres picos. Corte la rama de la tira de fieltro gris oscuro.

02 Sujete con alfileres la rama sobre la pieza gris claro para la tapa anterior, colocándola a unos 6 cm de la parte inferior. Ribetéela con punto de bastilla; para ello use un hilo de bordar del mismo color.

03 Ahora sobreponga las diferentes piezas de fieltro para montar cada aplique de búho. Coloque el lomo sobre el libro y cósalo en medio del cuerpo del búho con punto de bastilla; para ello use un hilo de bordar a juego. A continuación añada las alas, el pico y los plumajes para la cabeza. Finalmente, incorpore los ojos de fieltro blanco y, para confeccionar las pupilas, haga un nudo francés con tres hebras de hilo de bordar gris oscuro.

VÉANSE LAS PLANTILLAS EN LA PÁG. 92

04 Una vez que haya terminado los tres búhos, colóquelos sobre la rama, asegurándose de que haya suficiente espacio entre ellos. Fíjelos con punto de bastilla; para ello utilice una hebra de hilo de bordar a juego con los cuerpos de los búhos. Cosa las hojas blancas para completar el diseño anterior.

05 Coloque la pieza de la tapa anterior, boca arriba, sobre la pieza de la tapa posterior, y emplee cuatro hebras de hilo de bordar gris claro para ribetearla con punto de festón. Tenga la precaución de no coser el lado derecho.

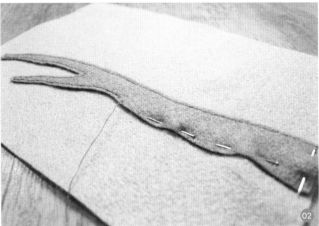

CHARLIE MOORBY
alias THE SAVVY CRAFTER

A Charlie le encantan los blogs
de tiendas de segunda mano y es
una adicta incurable a la costura.
Su debilidad son las manualidades.
Coordinadora editorial durante el día
y *crafter* durante la noche, no es
extraño verla coleccionando botones y
cintas. Sabe manejar muy bien el lápiz
y le fascinan las pequeñas creaciones
de punto de cruz. La encontrará
en la red en thesavvycrafter.com.

COTORRAS EN PLENO VUELO

DE FIELTRO EN 3D

ESTAS COTORRAS TAN COLORIDAS TEJIDAS A MANO DAN UN TOQUE EXÓTICO A LOS TRADICIONALES
MOTIVOS DECORATIVOS DE PÁJAROS QUE VUELAN. ESTÁN HECHAS DE FIELTRO Y LIGERAMENTE ACOLCHADAS
PARA QUE TENGAN UN POCO DE VOLUMEN. LA MÁS GRANDE MIDE UNOS 20 CM DE LA PUNTA
DE UN ALA A LA OTRA, Y LA MÁS PEQUEÑA, 13 CM.

UN TRÍO LLENO
DE VIDA Y COLOR

CÓMO HACER... UNAS COTORRAS EN PLENO VUELO

MATERIAL

CUATRO CAPAS DE FIELTRO BLANCO
DE 23 × 30,50 CM

UNA LÁMINA DE FIELTRO AZUL DE 23 × 30,50 CM

UN TROZO DE FIELTRO ROJO DE 15 × 16,50 CM

UN TROZO DE FIELTRO AZUL CELESTE DE 18 × 19 CM

UN TROZO DE FIELTRO AMARILLO DE 12,50 × 14 CM

TROZOS PEQUEÑOS DE FIELTRO CREMA Y NEGRO

HILO DE COSTURA: NEGRO, CREMA, BLANCO,
ROJO, AMARILLO, AZUL Y AZUL CELESTE

HILO DE BORDAR: ROJO, AMARILLO, AZUL Y AZUL
CELESTE

UNOS 60 CM DE CINTA ESTRECHA DE COLOR
BLANCO

RELLENO DE POLIÉSTER

TIJERAS, AGUJA DE COSER Y ALFILERES

01 Utilizando las plantillas que se le facilitan y siguiendo el consejo de cómo ampliarlas, confeccione tres plantillas distintas de cotorras: una pequeña, otra mediana y una última grande. Recorte cada pieza del fieltro de color que se indica en la plantilla y guarde todas las piezas de fieltro. Repita los pasos del 2 al 8 para confeccionar cada cotorra.

02 Coloque la base del ala sobre una lámina de fieltro blanco, dejando espacio para luego añadir la cabeza y las plumas de la cola. Sujétela con alfileres y luego ribetéela con cuidado con punto de festón; para ello utilice un hilo de coser a juego. Coloque las dos piezas que representan las plumas de la cola y la parte trasera de modo que queden ligeramente superpuestas. Sujételas con alfileres y cóselas también con punto de festón utilizando un hilo de un color a juego.

03 Ponga las alas A y B sobre la base del ala de modo que queden un poco superpuestas; sujételas con alfileres y cóselas. Coloque la cabeza en el lugar adecuado, sujétela con alfileres y cósela.

04 Cosa el resto de las piezas pequeñas (cara, parte superior e inferior del pico) en el lugar adecuado. Recorte un pequeño círculo de fieltro negro para confeccionar el ojo y utilice hilo negro para coserlo donde corresponde; a continuación, haga unas tiras cortas alrededor del ojo, cada una con un solo punto. Por último, cosa una hilera de puntos atrás con una hebra negra a lo largo de la parte superior del pico.

05 Con hilos de bordar de colores a juego, marque las plumas de la cotorra; utilice dos hebras para la cotorra pequeña, tres hebras para la mediana y cuatro para la grande. Haga una puntada larga para confeccionar cada una de las plumas.

06 Recorte la cotorra, dejando un borde de fieltro blanco alrededor del diseño. Utilice como plantilla esta figura para recortar del fieltro blanco una pieza del mismo tamaño, que le servirá de soporte.

07 Corte tres tiras de cinta: una de 15 cm para la cotorra pequeña, otra de 18 cm para la mediana y otra de 20 cm para la grande. Doble la cinta por la mitad para formar un lazo; cosa con hilo blanco los extremos en la parte posterior de la cotorra que queda delante, de modo que cuando tome el lazo esta quede colgada con la inclinación deseada (cosa el lazo en el fieltro, pero no lo perfore entero).

08 Una con alfileres las piezas delantera y trasera de la cotorra y ribetéelas con punto de festón utilizando un hilo de costura blanco. Vaya rellenando la manualidad mientras cose; ayúdese de un lápiz para introducir el relleno en las puntas de las alas y la cola y lograr un acabado más uniforme. Termine cuidadosamente la costura en la parte posterior.

VÉANSE LAS PLANTILLAS EN LA PÁG. 92

LAURA HOWARD alias LUPIN

Laura es una joven aficionada a las manualidades que está completamente obsesionada con el fieltro. Da clases particulares de forma gratuita y escribe sobre sus creaciones en su blog bugsandfishes.blogspot.com. Si lo desea, las puede adquirir en lupinhandmade.com.

02

03

04

05

06

08

GALLO, GALLINAS Y POLLUELOS
DE FIELTRO CON AGUJA

LE PRESENTAMOS ESTA PEQUEÑA FAMILIA LLENA DE COLORIDO. ES MUY FÁCIL Y RÁPIDA DE HACER: SOLO TARDARÁ ENTRE DOS Y TRES HORAS PARA CONFECCIONAR EL ALTIVO GALLO O UNA DE LAS GALLINAS CLUECAS. DÉ RIENDA SUELTA A LA IMAGINACIÓN Y CREE UN PEINADO EXTRAVAGANTE PARA EL GALLO, Y ATRÉVASE CON COLORES POCO HABITUALES PARA RECREAR LOS POLLUELOS.

CÓMO HACER... ESTA FAMILIA DE AVES

MATERIAL

PEQUEÑAS CANTIDADES DE LANA MERINO DE MECHA DE LOS COLORES QUE MÁS LE GUSTEN

ABALORIOS REDONDOS E HILO DE BORDAR

AGUJA PARA ENSARTAR CUENTAS (LARGA Y FINA)

ALAMBRE FINO PARA LAS PATAS Y PICOS

DOS AGUJAS PARA FIELTRO TRIANGULARES DEL TAMAÑO 40 Y PORTAAGUJAS

TAPETE DE FIELTRO (ESPONJA O CEPILLO)

TENAZAS PEQUEÑAS O TENACILLAS

ALICATES DE PUNTA REDONDA O PINZAS TORCEDORAS DE ALAMBRE

CONSEJO

Es libre de escoger los colores para los cuerpos de las aves, pero tenga en cuenta que los tonos rojizos funcionan mejor para las crestas, mientras alas y colas se definen mejor con unos tonos más intensos o muy distintos.

01 Tome una mecha de lana de 46 cm del color que prefiera para hacer el cuerpo de las aves y cárdela para formar una tira de unos 5 cm de ancho. Construya una figura que se asemeje a una medialuna; tenga en cuenta que debe ser más larga y delgada para el gallo y más regordeta para las gallinas. Ayudándose de dos agujas para fieltro del portaagujas, punce la lana con cuidado para dar consistencia a la figura, añadiendo pequeñas porciones de lana donde desee un poco más de volumen.

02 Utilice una aguja de su portaagujas para moldear la curva de la cola del gallo. Vaya girando el gallo mientras lo trabaja para obtener una bonita figura en tres dimensiones.

03 Para hacer una gallina clueca, modele la parte inferior del ave de modo que quede plana. Utilice el dedo pulgar como guía para que la gallina se apoye correctamente sobre su base. Una vez que la forma del ave sea de su agrado, pellízquela con suavidad para comprobar la densidad de la lana. Si es lo suficientemente firme y dura, ya puede empezar a hacer el pico y las patas.

04 Para hacer el pico, tome un trozo corto de alambre, de entre 1 y 2 cm, y cúrvelo como si quisiera hacer un pez. Enrosque los dos extremos y córtelos.

05 Taladre o perfore una pequeña muesca en la cabeza del ave donde debe ir el pico. Ate un trozo de hilo en los extremos enroscados del alambre, enhébrelo en una aguja larga para ensartar cuentas (de las utilizadas en joyería) y clave la aguja en la muesca de modo que salga por la parte posterior de la cabeza. Tire del hilo para esconder los extremos del alambre dentro de la cabeza.

06 Haga un nudo en el hilo para asegurar el pico en su sitio; corte los extremos, introduciendo en el cuerpo todos los hilos sueltos. Cosa una brizna de lana alrededor de la base del pico para hacerla más real.

07 Para confeccionar las patas del gallo, corte tres filamentos de alambre de unos 13 cm de largo. Deje unos 2 cm de alambre sobrante en cada extremo, sujete bien los filamentos con unas tenazas pequeñas o tenacillas y agarre el otro extremo con unos alicates (o unas pinzas torcedoras de alambre). Gire el alambre por el extremo de las tenazas, utilizando los alicates para mantener los filamentos rígidos y firmes.

08 Con suavidad, doble el filamento retorcido para formar una U. Utilice los alicates para transformar los extremos en cuatro pequeñas garras; corte los trozos sobrantes.

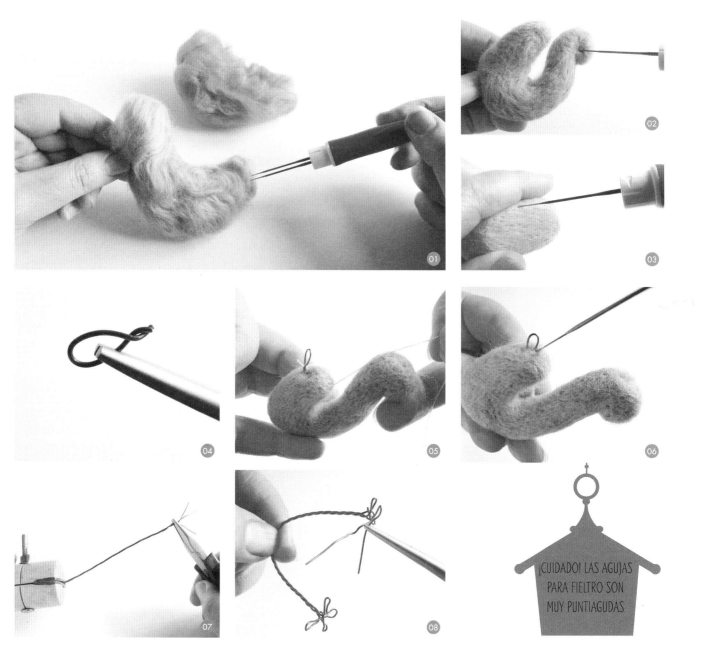

¡CUIDADO! LAS AGUJAS PARA FIELTRO SON MUY PUNTIAGUDAS

09 Haga un corte en la barriga del gallo, introduzca las patas y cubra el corte con más lana para que queden bien sujetas.

10 Con la aguja para fieltro, haga un ovillo con una pequeña mecha de lana y cósala alrededor de la parte superior de las patas para elaborar los muslos del gallo.

11 Para obtener un mejor acabado, carde unas porciones de mecha y confeccione un velo fino. Asegúrese de que las hebras están en la misma dirección que el contorno del cuerpo y, con cuidado, cubra el cuerpo, procurando que las incisiones queden muy cerca unas de otras.

12 Devane y afieltre con aguja las alas y las barbas directamente sobre el cuerpo. Utilice una sola aguja para los detalles más pequeños.

13 Para añadir los abalorios redondos a modo de ojos, utilice una aguja larga para ensartar cuentas. Atraviese la cara con dos vueltas de hilo y ensarte una cuenta circular a cada lado.

14 Vuelva a clavar la aguja en la primera cuenca del ojo y luego en la otra, y saque las hebras por detrás del cuello en el mismo punto. Tire de las hebras para que los ojos queden bien colocados y átelos con un nudo firme; saque las hebras en un punto inferior del cuerpo antes de cortarlas.

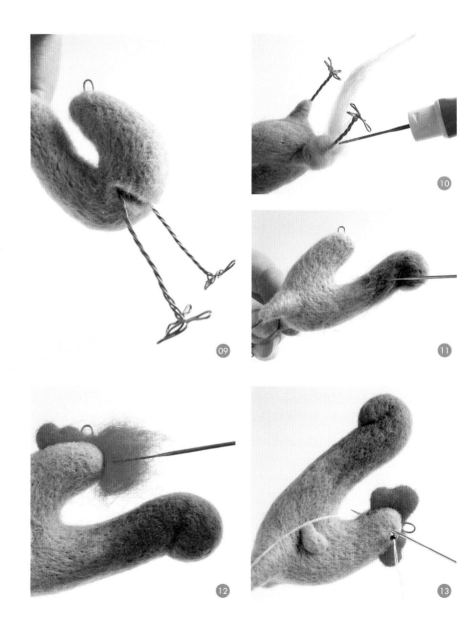

15 Para hacer los polluelos, tome porciones muy pequeñas de mecha amarilla y forme una bola. Luego fíjela en la madre y forme polluelos del tamaño de un guisante añadiéndoles unas cabezas diminutas. Haga unos nudos franceses a modo de picos y utilice cuentas redondas diminutas para representar los ojos.

16 Puede decorar todos los miembros de la familia bordando unos puntos y con unas cuentas. Con el punto de escapulario, por ejemplo, puede elaborar una preciosa ala.

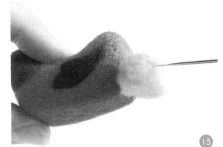

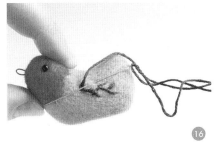

GRETEL PARKER

Gretel Parker, ilustradora de libros infantiles, descubrió el fieltro de aguja hace cinco años. Ahora sus obras se coleccionan en todo el mundo y disfruta divulgando sus conocimientos y su «fiebre» por la técnica del fieltro con aguja entre los que se estrenan en el oficio. www.gretelparker.com.

TARJETAS CON AVES

HECHAS DE PAPEL

HAY DOS DISEÑOS DE PÁJAROS EN PARTICULAR CON LOS QUE PODRÁ PERFECCIONAR SUS HABILIDADES PARA RECORTAR PAPEL. LA GRULLA REPRESENTA LA BUENA SUERTE, Y COMO CUENTA UNA ANTIGUA LEYENDA, AQUEL QUE HAGA MIL GRULLAS DE PAPEL VERÁ SU DESEO HECHO REALIDAD. EN CUANTO AL MARTÍN PESCADOR, DE ESTE SE DICE QUE PROTEGE A LOS PESCADORES DE LAS TORMENTAS EN EL MAR.

TARJETAS
DE LA
SUERTE

CÓMO HACER... TARJETAS CON AVES

VÉANSE LAS PLANTILLAS EN LA PÁG. 93

MATERIAL (POR TARJETA)

UN TROZO DE CARTULINA FINA BLANCA DE 30 × 15 CM

UN TROZO DE PAPEL DE COLOR DE 15 × 15 CM

REGLA Y HERRAMIENTA DE MARCADO

LÁPICES H Y 2H

PAPEL DE CALCAR

CÚTER Y ALFOMBRILLA DE CORTE

PEGAMENTO Y CINTA ADHESIVA

GOMA DE BORRAR BLANDA

PEQUEÑA PERFORADORA (PARA EL DISEÑO DE LA GRULLA)

CONSEJO

Le puede ir bien tanto un papel de dibujo grueso como una cartulina blanca. Necesitará una goma de borrar suave para eliminar los trazos de lápiz, y también puede serle útil un pincel suave.

01 Por el interior de la cartulina blanca, dibuje un marco de 2 cm con lápiz en el lado izquierdo. Utilice un lápiz H suave para calcar la plantilla del pájaro que haya escogido. Gire el papel de calcar y póngalo encima de la cartulina, alineando los bordes del cuadrado con el marco hecho con lápiz. Adhiera un trozo de cinta adhesiva en cada esquina para fijar el dibujo y luego, con el lápiz 2H, más fuerte, repase el diseño y traspáselo a la cartulina.

02 Sobre una alfombrilla de corte, recorte el diseño con cúter. Fíjese bien en la foto de la tarjeta acabada para asegurarse de que corta los trozos correctos. Sobre todo trabaje despacio y con cuidado (para no lastimarse los dedos con la cuchilla afilada). Si comete un error, intente disimularlo en el dibujo.

03 Para representar el ojo de la grulla con un círculo perfecto, gire la cartulina y, puesta del derecho, haga un pequeño agujero con la perforadora. Luego vuelva a girar la cartulina para añadir el color.

04 Pegue el trozo de papel de color en el lado interior derecho de la cartulina, alineando los bordes del papel con los bordes de la cartulina. Marque una línea de plegado en el centro de la cartulina y dóblela por la mitad.

05 Vuelva a abrir la cartulina y utilice una goma de borrar suave para eliminar con cuidado los trazos de lápiz que queden. Procure no rasgar el papel ya recortado y use un pincel suave, si tiene, para retirar los restos de goma. Doble la cartulina por la mitad y ya tendrá lista su tarjeta.

CLARE YOUNGS

A esta diseñadora le regalaron a los ocho años un libro de manualidades y un montón de papeles y telas, ¡y desde entonces no ha dejado de crear! Diseñadora gráfica de profesión, Clare Youngs trabajó en el mundo de los embalajes y la ilustración hasta que, hace cinco años, decidió dedicarse por completo a las manualidades. Visite www.youngs-studio.com.

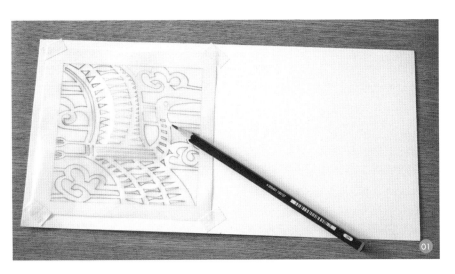

PAREJA DE PAJARITOS

CON PUNTO DE CRUZ EN CAÑAMAZO

ESTE PRECIOSO DISEÑO CON PUNTO DE CRUZ ESTÁ HECHO CON LANA DE BORDAR SOBRE UN CAÑAMAZO DE TRAMA ABIERTA. ESTE PUNTO TAN SENCILLO SE EXPLICA EN LA PÁG. 90, Y EN LA PÁG. 95 ENCONTRARÁ UN DIAGRAMA DE COLOR MUY FÁCIL DE UTILIZAR. EL BORDADO ACABADO MIDE, APROXIMADAMENTE, 50 cm DE DIÁMETRO Y SE HA COLOCADO SOBRE UN MULLIDO COJÍN DE SUELO.

CON PUNTO
DE CRUZ.
¡QUÉ SENCILLO!

CÓMO HACER... UNA PAREJA DE PAJARITOS

VÉASE LA PAUTA EN LA PÁG. 95

MATERIAL

UN CAÑAMAZO SENCILLO DE INTERLOCK DE LA MARCA ZWEIGART, DE TRAMA ESPESA (UNOS 27 AGUJEROS POR 10 CM), DE UNOS 75 × 75 CM

LANAS PARA BORDAR EN CAÑAMAZO DE LA MARCA APPLETON BROS: TRES MADEJAS DE AMARILLO MADRESELVA 698; DOS MADEJAS DE MARTÍN PESCADOR 481; UNA MADEJA DE BLANCO 991, VERDE HIERBA 251A, VERDE HIERBA 254, VERDE APAGADO 331, DORADO MATE 855 Y DORADO HERÁLDICO 844; UNA MADEJA DE ROSA INTENSO 946 Y MARRÓN CHOCOLATE 187

UN RETAL DE TELA DE ALGODÓN BLANCA DE PESO MEDIO, DE UNOS 60 × 60 CM

DOS RETALES DE TELA DE ALGODÓN ROJA DE PESO MEDIO, DE UNOS 83 × 18 CM

UNA CREMALLERA DE 50 CM

UN RIBETE MARRÓN DE 160 CM

UNA ALMOHADILLA DE COJÍN DE 50 CM DE DIÁMETRO Y 15 CM DE ALTO

UNA AGUJA DE BORDAR DE TAMAÑO 18 Y UNA AGUJA DE COSER

01 Para saber cuál es el centro del cañamazo, dóblelo por la mitad en sentido horizontal y luego vertical. Estas líneas de pliegue corresponden a las flechas que figuran al lado de la pauta de color (que indican el centro de esta); tómelas como referencia para que su diseño quede centrado en el cañamazo.

02 Cada cuadrado de la pauta representa una puntada de punto de cruz; el color del cuadrado indica el color de la hebra (*véase* la clave de la pauta). Siguiendo la pauta, cosa el diseño utilizando una hebra de lana para bordar en la aguja (*véase* «Aprenda los puntos», pág. 90). Quizá le resulte más fácil hacer primero la silueta del árbol y las hojas antes de rellenar los colores del fondo y las hojas.

03 Cuando haya terminado de bordar, añada al cañamazo un ribete de 1,5 cm de ancho en todo el perímetro.

04 Para confeccionar la parte posterior del cojín, dibuje un círculo de papel marrón de 50 cm; dóblelo por la mitad y córtelo en dos partes para obtener una medialuna de papel. Doble la tela blanca por la mitad y, a continuación, pegue el diseño o sujételo con alfileres, alineando el lado recto con el hilo de la tela. Dejando un margen de costura de 1,5 cm, recorte todo el diseño en papel.

05 Sujete con alfileres las piezas de tela por el lado derecho y cosa solo 2 cm en cada extremo del borde recto. Hilvane los otros largos y planche la costura abierta. Coloque la cremallera boca abajo a lo largo del margen de la costura y cósala a máquina ayudándose de un prensatelas para cremallera. Quite el hilván.

06 Junte las piezas de tela roja por el lado derecho; sujete con alfileres y cosa por los extremos cortos para formar una tira continua. Con los lados derechos juntos, sujete con alfileres un borde largo de la tira de tela al cañamazo; recorte 1,5 cm del margen de la costura si es preciso para poder manipular en la curva. Cósalas procurando dejar un pequeño agujero para los extremos del ribete (*véase* paso 7).

07 Con los lados derechos juntos, sujete la tela blanca al otro lado de la tira y ribetéela. Dele la vuelta por la abertura de la cremallera. Si es necesario, planche a baja temperatura con la labor cubierta con un paño limpio húmedo. Cosa con punto de dobladillo el ribete por el borde superior de la funda e introduzca los extremos por el agujero de su bordado; asegure la labor con un par de puntadas. Finalmente, introduzca una almohadilla de cojín.

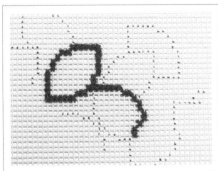

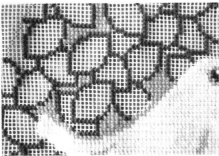

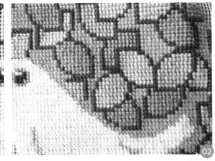

CONSEJO

Para que le sea más fácil seguir el diseño, puede marcar las zonas clave en el cañamazo con un rotulador permanente.

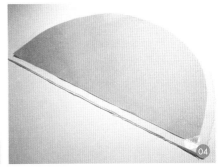

EMILY PEACOCK

Emily Peacock es una diseñadora de bordados que vende sus vistosas y originales creaciones sobre cañamazo en su web, www.emilypeacock.com, y también en los almacenes de Londres. Encontrará más diseños de Emily Peacock en su libro *Adventures in needlework*.

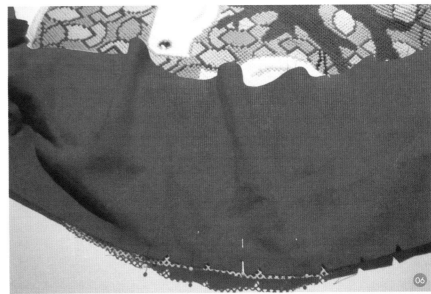

BOLSO DE PUNTO

TEJIDO CON INTARSIA

APRENDA LA TÉCNICA DE LA INTARSIA PARA CREAR LOS MOTIVOS DE PÁJAROS BAILARINES
DE ESTE BOLSO. COMO EL BOLSO SE HA AFIELTRADO EN LA LAVADORA, NO DEBERÁ AÑADIR UN FORRO.
LAS MEDIDAS FINALES DEL COMPLEMENTO SON 20 CM DE COSTURA INFERIOR Y 20 CM HASTA LA CURVA
DEL ASA, POR LO QUE SE AJUSTA AL HOMBRO A LA PERFECCIÓN.

BOLSO
AFIELTRADO

CÓMO HACER... UN BOLSO DE PUNTO

CONSEJOS SOBRE LA TENSIÓN
20 puntos y 24 hileras a 10 cm sobre el punto liso antes del filtreado. Tamaño acabado 24 x 25 cm antes del fieltrado, 20 x 20 cm después.

01 Prepare los ovillos.

Para crear los motivos de los pájaros de la parte anterior del bolso, emplee la técnica de la intarsia para mezclar los distintos colores y crear imágenes. Con este método, utilizará diferentes tipos de hilo para cada zona de color cuando trabaje en hileras, mientras lee la secuencia de colores de una pauta. Antes de empezar a tejer el motivo con intarsia, debe hacer pequeños «ovillos» o «bobinas» de cada color, es decir, unas bolitas de hilo, con las que es más sencillo trabajar. De lo contrario, si utiliza bobinas enteras de hilo es fácil que se hagan nudos muy difíciles de desenredar.

02 Siga las indicaciones de la pauta.

En esta (*véase pág. siguiente*), cada cuadrado representa un punto mientras que cada línea horizontal representa una hilera. Debe empezar a leer la pauta por la esquina inferior derecha, con las hileras del derecho (D) de derecha a izquierda y las hileras del revés (R) de izquierda a derecha. Al color utilizado para crear los motivos de los pájaros se le ha asignado su propio símbolo.

03 Confeccione la parte delantera del bolso.

Utilizando las agujas de 4,5 mm y el hilo A, haga 47 puntos. Empiece con una hilera del derecho y luego haga 10 hileras de punto de media.

Deberá partir tres hilos cortos A, B y C de las bobinas. Utilice estos pequeños ovillos para crear el dibujo con intarsia

01

Otros hilos

Si desea sustituir el hilo que le hemos indicado, deberá emplear uno que se afieltre (es decir, que encoja cuando se lave a máquina a alta temperatura y que forme un material más denso). Suelen afieltrarse los hilos de lana y algunas mezclas de lana con otras fibras naturales como alpaca. Sin embargo, algunos hilos de lana se tratan especialmente para que se puedan lavar a máquina, de modo que no se afieltran. Por tanto, antes de emplear un hilo, primero debe leer la información de la tira. Asimismo, conviene que compruebe la calidad del hilo antes de afieltrar toda la labor; así pues, en cuanto haya medido la tensión de la muestra, pruebe a afieltrarla.

(véase paso 1). De derecha a izquierda, y empezando por la hilera 1 (véase paso 2), coloque los motivos tal como se indica en la siguiente hilera. Siga utilizando la bobina entera de hilo A para las 3 hileras siguientes.

Hilera 1 (D): * teja un punto, añada el hilo B en el siguiente punto tal como se indica: introduzca la aguja en el siguiente punto, saque el ovillo y colóquelo sobre el hilo que usará para los siguientes puntos; luego haga los puntos siguiendo el procedimiento habitual, teja con punto derecho la hilera 1 de la pauta, repita desde * dos veces más, teja dos puntos derechos.

Hilera 2 (R): teja dos puntos del revés, * teja del revés la hilera 1 de la pauta, teja dos puntos del revés, repita desde * dos veces más.

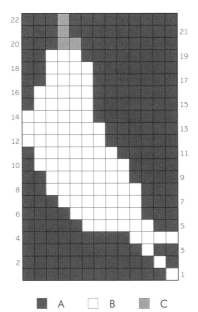

■ A   □ B   ▦ C

Hilera 1: se añade un color, visto por detrás (superior) y por delante (inferior).
02

Hilera 3: teja dos puntos, * teja la hilera 3 de la pauta, teja dos puntos, repita desde * dos veces más. En la siguiente hilera deberá añadir el hilo A suelto para trabajar entre los motivos de los pájaros. Emplee el mismo método que ya se ha explicado, añadiendo el ovillo antes de que lo necesite.

Hilera 4: teja dos puntos de la bobina entera, * haga la hilera 4 según la pauta, teja dos puntos, repita desde * hasta el final. Siga tejiendo según la pauta hasta completar las hileras. Cuando cambie de color, deberá cruzar los dos hilos sujetando uno encima de otro (véase «Cómo cambiar de color»). Siga con punto de media para las 29 hileras siguientes.

Cómo cambiar de color

Cuando teje un motivo con intarsia, es importante cruzar los dos hilos a la vez al cambiar de color para evitar dejar un gran agujero en el tejido. Los hilos deben quedar uno encima del otro; de este modo, se unen y no se forma un agujero entre los colores. Cruce siempre los colores en el reverso de la labor.

04 Dé forma a la parte superior.

Teja 14 puntos, cierre 19 puntos, teja hasta el final. Siga estos pasos solo para los primeros 14 puntos: teja hasta el final, gire la tela, cierre 4 puntos al principio de la siguiente hilera, teja del revés hasta el final (10 puntos).

Siguiente hilera: teja hasta que haya 3 puntos en la aguja izquierda, teja 2 puntos juntos al derecho, teja 1 punto al derecho (9 puntos).

Cierre 3 puntos al principio de la siguiente hilera, teja del revés hasta el final (6 puntos).

Siguiente hilera: teja hasta que haya 3 puntos en la aguja izquierda, teja 2 puntos juntos al derecho, teja 1 punto al derecho (5 puntos).

Haga 3 hileras en punto de media empezando con una hilera del revés. Pase el resto de los puntos a la aguja o seguro auxiliares, no los cierre. Junte el hilo de 14 puntos en la aguja y teja haciendo la forma hasta llegar al otro lado.

05 Haga la pieza posterior.

Con las agujas de 4,5 mm y el hilo A, recoja y teja 47 puntos a lo largo del borde montado de la pieza anterior.

Hilera 1 (reverso): teja.

Luego siga como en la pieza anterior.

06 Cosa las costuras laterales y haga el asa. Cosa las costuras laterales para unir las piezas anterior y posterior. Ahora debería tener 2 series de 10 puntos para hacer el asa.

Con el lado derecho de frente, pase 10 puntos a la aguja de 4,5 mm, teja 3 puntos del derecho, teja 2 puntos retorcidos derechos juntos, teja 2 puntos derechos juntos, teja del derecho hasta el final (8 puntos).

Siguiente hilera: teja 2 puntos derechos, teja 4 puntos del revés, teja 2 puntos derechos.

Siguiente hilera: teja.

Repita las 2 últimas hileras hasta que haya hecho unas 50 hileras. No cierre los puntos, páselos al gancho auxiliar. Repita para el otro lado del asa. Junte ambas series de 8 puntos con el lado derecho de frente, y luego cierre utilizando el método tradicional o de tres agujas. Enlace los extremos.

07 Prepare el afieltrado.

Con un hilo de algodón (que no se afieltrará ni encogerá), ribetee con punto de bastilla

toda la abertura superior del bolso para que este conserve su forma original. Repita esta operación para el asa doblándola por la mitad y cosiendo los lados desde el pliegue; tenga la precaución de dejar un borde de 10 cm.

08 Afieltre el bolso.

Meta el bolso en la lavadora junto con unos tejanos viejos o una tela resistente similar (evite las toallas, ya que las fibras suaves pueden pegarse al tejido de punto y formar borlas). Lávelo a alta temperatura

CAROL MELDRUM

Carol es una diseñadora textil, escritora y profesora de talleres en Glasgow. No hay nada que le guste más que experimentar con la lana, aportar nuevas ideas y compartirlas con gente en www.beatknit.com y blog.beatknit.com.

(pruebe con 60 °C). Como cada lavadora tiene unas determinadas características, compruebe primero la tensión de la muestra para averiguar cuál es la temperatura más indicada. Oprima con las manos el bolso afieltrado y, en cuanto tenga la textura y el tamaño deseados, déjelo secar en una superficie plana.

09 Añada la decoración.

Una vez que el bolso esté bien seco, quite el punto de bastilla de la abertura superior. Cosa una pequeña cuenta esférica de color negro en la cara de cada pájaro para representar el ojo y luego utilice el hilo amarillo para bordar las patas y pies.

10 Haga el cierre del bolso.

Haga un lazo para el botón de unos 8 cm de largo, dóblelo por la mitad y cósalo por dentro del bolso. (El lazo es una cadeneta de ganchillo, pero lo puede hacer con un cordón trenzado, o un trozo de cinta a juego). Cosa un botón a juego con el lazo en la parte delantera del otro lado.

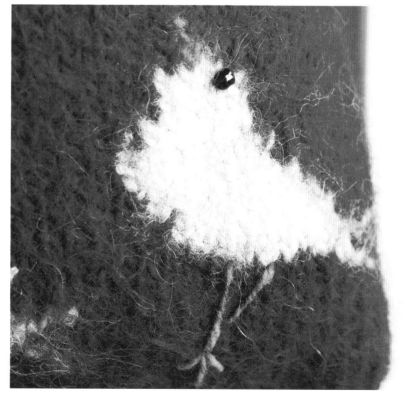

SUAVES CREACIONES

01

Si quiere hacer una preciosa casita para sus creaciones con plumas, a Jane, de littleteawagon, se le ha ocurrido una forma muy ingeniosa de aprovechar las pequeñas cajas de cereales y los retales de papel y telas para crear la pajarera perfecta. Para saber más, *véase su sensacional guía de cómo hacer pajareras de tela* en teawagontales.blogspot.co.uk.

02

Melanie Ann Green es una diseñadora con mucho talento que, con el seudónimo de Feltmeupdesigns, crea bandadas de pájaros afieltrados con aguja. Le gusta buscar perchas interesantes para sus creaciones terminadas, y esta pequeña corona de ramitas, que recuerda mucho a un nido, es el hogar perfecto para su tierna lechuza. Visite www.feltmeudesigns.co.uk.

03

Si busca una alternativa a los típicos huevos de pascua para colgar, puede seguir el ejemplo de la diseñadora de Cornualles Kirsty Elson. Ha construido estas decorativas pajareras a partir de unos pequeños trozos de madera; su mayor afición es crear objetos preciosos con sus hallazgos.

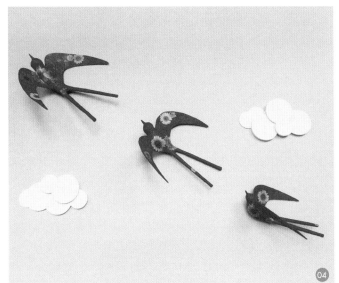

04

Estas tres golondrinas de color rosa fucsia han sido diseñadas y creadas por Jaina Minton, de Polka Dot Sundays, quien deseaba dar un giro a los clásicos motivos de aves voladoras. Las elabora con papel de periódico y cartulina, y las decora mediante la técnica del *decoupage* con papel rosa y flores prensadas. Jaina asegura que está obsesionada con el papel, el color y los objetos que hacen reír. Encontrará sus creaciones en www.polkadotsundays.com.

05

Delilah Devine es la marca de la diseñadora e ilustradora australiana Linda Marek. Linda es una ávida coleccionista de papel de empapelar y telas de estilo *vintage*, con las que llena armarios que le sirven de inspiración. Una de sus creaciones son estos patos que vuelan para colgar en la pared, con los que ha reinventado un clásico retro. Para saber más de los diseños ecológicos de Linda, visite www.delilahdevine.com.

ALAS LLENAS DE VIDA

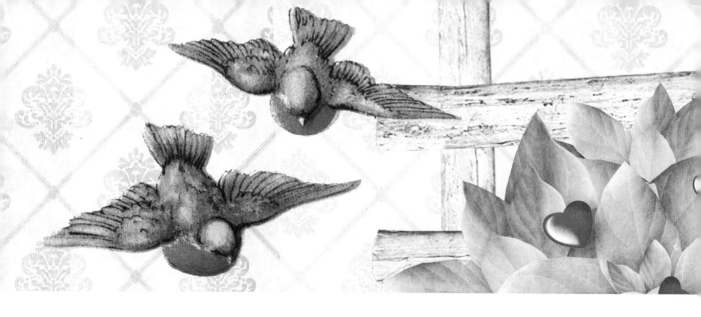

PÁJAROS ALFILETEROS

DE FIELTRO

PONGA A BUEN RECAUDO SUS ALFILERES Y AGUJAS EN ESTE PRECIOSO Y ORIGINAL ALFILETERO: UN PÁJARO SOBRE UN CARRETE DE HILO, CON UN ESTUCHE ENTRE LAS ALAS DEL TAMAÑO DE UN BOLSILLO. TAN SOLO NECESITA UNOS RETALES CUADRADOS DE FIELTRO DE VIVOS COLORES Y UNOS SIMPLES AÑADIDOS. ¡LO HARÁ EN UN PERIQUETE!

RÁPIDO
DE COSER

CÓMO HACER... PÁJAROS ALFILETEROS

MATERIAL

FIELTRO VERDE: DOS TROZOS DE 10 × 15 CM
Y UN TROZO DE 7,5 × 7,5 CM

FIELTRO BLANCO: TRES TROZOS DE 10 × 15 CM
Y UN TROZO DE 15 × 15 CM

TRES TROZOS DE FIELTRO AZUL DE 10 × 15 CM

HILO DE BORDAR BLANCO

PEQUEÑA CANTIDAD DE POLIÉSTER DE RELLENO

CARRETE DE HILO DE UNOS 5 CM DE ALTO

ROTULADOR PARA TELA LAVABLE CON AGUA
(OPCIONAL)

AGUJA DE COSER Y ALFILERES

TIJERAS Y TIJERAS DENTADAS

PEGAMENTO BLANCO

01 Para el alfiletero, haga una plantilla de todo el diseño del pájaro y del ala y utilícela para recortar dos pájaros de los trozos más grandes de fieltro verde. Recorte un tercer pájaro del trozo de fieltro blanco con el mismo tamaño; para ello use unas tijeras dentadas; ha de quedar ligeramente más grande que los pájaros verdes.

02 Borde uno de los pájaros verdes para la parte anterior del alfiletero. Emplee dos o tres hebras de hilo de bordar para definir con punto de bastilla la forma del ala; decore el ala y la cola añadiendo unos detalles con punto de margarita. Haga un nudo francés para representar el ojo y unos puntos rectos sueltos para la barriga. Para terminar, ribetee con punto de festón el borde inferior y el extremo de la cola.

03 Coloque el segundo pájaro verde debajo del pájaro bordado y ribetéelos con punto de festón solamente por el borde superior. Coloque el pájaro verde a medio coser sobre la forma de pájaro blanco; con punto ciego cosa la capa inferior del pájaro, de color verde, con el soporte.

04 Para hacer la parte interior del alfiletero, introduzca un trozo de papel en el pájaro y dibuje la silueta. Luego recórtela.

VÉASE LA PLANTILLA EN LA PÁG. 93

05 Doble por la mitad el cuadrado de fieltro blanco. Sujete con alfileres el borde recto de la pieza interior de papel justo sobre el borde plegado y recorte la figura. Coloque el añadido de fieltro dentro del pájaro y cóselo con punto ciego.

06 Para confeccionar la almohadilla, recorte por separado las plantillas del pájaro y las alas. Recorte las dos formas de pájaro de dos trozos de fieltro azul, y dos alas del trozo restante. Recorte dos alas de mayor tamaño del trozo restante de fieltro blanco utilizando las tijeras dentadas.

07 Borde las dos figuras de pájaro azules. Piense que una será para la parte anterior y la otra, para la posterior. Junte las dos partes por los reversos; con punto de festón, cóselas desde el pico hasta pasado el extremo de la cola. Deje de coser (no corte la hebra que esté utilizando) y empiece a rellenar la figura poco a poco, ayudándose de un lápiz para introducir el relleno en la cola. Siga cosiendo a la vez que incorpora el relleno.

08 Cosa los detalles bordados en las alas azules. Cosa cada ala bordada en la parte posterior de las alas blancas. Cosa las alas a un lado y a otro del pájaro, ribeteando únicamente los bordes inferiores.

CHARLOTTE LYONS

Inspirada por la modestia y sencillez de las labores tradicionales, Charlotte diseña y confecciona auténticas joyas. Encontrará sus colecciones de tejidos, muestras de bordados fáciles de coser y guías prácticas en charlottelyons.com y housewrenstudio.typepad.com.

09 Corte un círculo de 6,5 cm de diámetro del cuadrado de fieltro verde. Dirija las tijeras en dirección al centro para obtener ocho o nueve pétalos. En el centro, haga un círculo de puntos sueltos (no desenhebre la aguja).

10 Junte el círculo de puntos para crear el cáliz de una flor. Introduzca el pájaro y cósalo de forma que quede bien sujeto. Aplique una pequeña cantidad de pegamento blanco a la base de la flor y colóquelo encima del carrete de hilo. Déjelo secar.

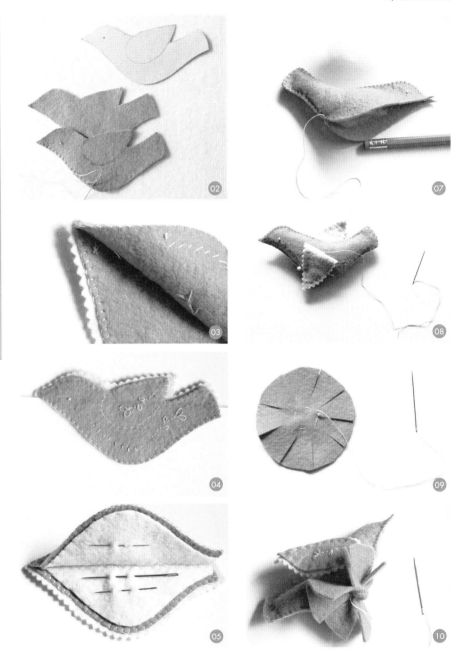

COJÍN DE GANCHILLO

EN FORMA DE PINGÜINO

A LOS MÁS PEQUEÑOS LES ENCANTARÁ DORMIR CON ESTE ADORABLE PINGÜINO, QUE TAMBIÉN PUEDE DAR UN TOQUE DESENFADADO Y, A LA VEZ, ELEGANTE AL DORMITORIO DE UN ADULTO. MIDE 30 POR 32 cm, Y EL RECTÁNGULO PRINCIPAL, HECHO CON PUNTO ALTO DOBLE, ES MUY FÁCIL DE CONFECCIONAR.

¡CREE SU PROPIO AMIGO POLAR!

CÓMO HACER... UN COJÍN DE GANCHILLO EN FORMA DE PINGÜINO

MATERIAL

OVILLOS DE 50 G (133 M) DE ANNELL RÁPIDO, UNO BLANCO 3260 (A), DOS NEGRO 3259 (B), UNO AZUL CIELO 3242 (C) Y OTRO NARANJA 3221 (D), O UN HILO SIMILAR (DK ACRÍLICO)

UN GANCHO DE GANCHILLO DE 4 MM

AGUJA DE COSER

HILO DE COSER: NARANJA Y GRIS

UNA ALMOHALDILLA O UN COJÍN PEQUEÑO COMO RELLENO

CONSEJO

Si el cojín es para un niño o una niña, utilice un hilo resistente que sea fácil de lavar. El acrílico es ideal y su precio, muy asequible, pero también puede elegir una mezcla de algodón y sintético, o algunos hilos de lana. Lea siempre las instrucciones de lavado en la tira del ovillo.

01 Haga la parte delantera del pingüino. Necesitará un gancho de ganchillo de 4 mm e hilo A, 53 cad.

Hilera 1: p. a. en 4 cad. desde el gancho, 1 p. a. sobre cada cad., gire. (50 p. a.)

Hileras 2-26: 3 cad. (cuentan como un p. a.), un p. a. en cada p. a., gire.

Hilera 27: Corte el hilo A y una el hilo B; 3 cad. (cuentan como 1 p. a.), 1 p. a. en cada p. a., gire.

Cuente 11 hileras más o hasta que la parte delantera mida 32 cm.

Cierre los puntos y teja los extremos.

02 Haga la parte posterior del pingüino. Siga los mismos pasos que para la parte anterior, usando solamente el hilo B.

03 Haga los ojos (confeccione 2). Para ello, utilice un gancho de ganchillo de 4 mm e hilo B, 4 cad., y una con p. e. para hacer el anillo de base.

Vuelta 1: 3 cad., luego haga 11 p. a. en el anillo. Haga p. e. en la tercera de las primeras 3 cad. para unir la vuelta (12 p. a.).

Vuelta 2: 3 cad., un p. a. en el mismo punto, * 2 p. a. en el siguiente punto, rep. desde el * hasta el final. P. e. para unir la vuelta. Corte el hilo B y una el hilo A (24 p. a.).

Vuelta 3: 3 cad., 1 p. a. en la misma puntada, * 1 p. a. en el siguiente p. e., 2 p. a. en las siguientes puntadas, rep. desde * hasta el final. P. e. para unir la vuelta (36 p. a.).

Vuelta 4: 2 cad., * 1 p. m. en la siguiente puntada, rep. desde * hasta el final. P. e. para unir la vuelta. Corte el hilo B y una el hilo C (36 p. a.).

Vuelta 5: 1 p. e., * haga 1 p. e. en la siguiente puntada, rep. desde * hasta el final. P. e. para unir la vuelta. Cierre los puntos y teja los extremos.

04 Haga el pico. Use el gancho de ganchillo de 4 mm y el hilo D, 12 cad.

ILARIA CHIARATI

Ilaria, de origen italiano, vive en los Países Bajos con su marido. Trabaja de fotógrafa de interiores *freelance* y tiene su propia empresa, IDA Interior LifeStyle, una asesoría de diseño de interiores. Comparte sus inspiraciones de diseño para interiores y sus creaciones de ganchillo en su blog, www.idainteriorlifestyle.com.

Hilera 1: 1 p. a. en la cad. 4 desde el gancho, 1 p. a. sobre cada cad., dé la vuelta (9 p. a.).

Hilera 2: P. e. en el primer p. a., 3 cad. (cuentan como un p. a.), 1 p. a. en los 6 p. a. siguientes, dé la vuelta (7 p. a.).

Hilera 3: P. e. en el primer p. a., 3 cad. (cuentan como un p. a.), 1 p. a. en los siguientes 5 p. a., gire (6 p. a.).

Hilera 4: P. e. en el primer p. a., 3 cad. (cuentan como un p. a.), 1 p. a. en los siguientes 4 p. a.

Cierre los puntos y teja los extremos.

05 Haga las alas (cree 2). Utilice un gancho de ganchillo de 4 mm e hilo B, 13 cad.

Hilera 1: 1 p. a. en la cad. 4 desde el gancho, 1 p. a. sobre cada cadeneta, gire (10 p. a.).

Hileras 2-9: 3 cad. (cuentan como un p. a.), 1 p. a. sobre cada p. a., gire (10 p. a.).

Hilera 10: p. e. en el primer p. a., 3 cad. (cuentan como un p. a.), un p. a. en los siguientes 8 p. a., gire (9 p. a.).

Hileras 11-13: 3 cad. (cuentan como 1 p. a.), 1 p. a. en cada p. a., gire (9 p. a.).

Hilera 14: p. e. en el primer p. a., 3 cad. (cuentan como 1 p. a.), 1 p. a. en los siguientes 7 p. a., gire (8 p. a.).

Hileras 15-25: 3 cad. (cuentan como 1 p. a.), 1 p. a. en cada p. a., gire (8 p. a.).

06 Haga la cara del pingüino. Coloque los ojos y el pico en la parte anterior y cósalos.

07 Haga el cuerpo. Coloque las alas a ambos lados de la parte delantera; únalas con el gancho de ganchillo e hilo B. Para unir la parte delantera y la trasera del pingüino, cierre con p. e. las dos costuras laterales y la costura superior. Introduzca el relleno y cosa la costura inferior.

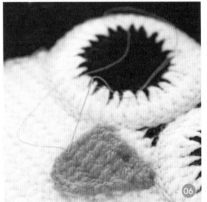

03 04

06

Abreviaturas

cad.: cadeneta
p. m.: punto medio
rep.: repetir
p. e.: punto enano
p. a.: punto alto

07

COJÍN *VINTAGE* DE TELA

EN FORMA DE PÁJARO

ESTE PROYECTO ES UNA FORMA SENSACIONAL DE DAR UN NUEVO USO A SUS TELAS RETRO MÁS PRECIADAS. CON UNAS TÉCNICAS DE COSTURA A MANO Y A MÁQUINA BÁSICAS, PODRÁ CONFECCIONAR ESTE PÁJARO DE UNOS 28 CM DE ANCHO POR 33 CM DE ALTO. ¡LE HARÁ COMPAÑÍA MIENTRAS HACE SUS LABORES!

¡EL COJÍN
MÁS SUAVE!

CÓMO HACER... UN COJÍN EN FORMA DE PÁJARO

MATERIAL

DOS TROZOS DE TELA ESTAMPADA DE 30 × 35 CM

DOS TROZOS DE FIELTRO DE 15 × 20 CM DE DOS COLORES QUE COMBINEN CON LA TELA

HILO DE BORDAR A JUEGO CON LOS COLORES DEL FIELTRO Y LA TELA

RELLENO DE POLIÉSTER DE 100 G

ROTULADOR DE TELA LAVABLE

TIJERAS Y PLANCHA

AGUJA DE COSER Y ALFILERES

MÁQUINA DE COSER

AGUJA DE TEJER U OTRA HERRAMIENTA DE PUNTA ROMA

CONSEJO

Si desea hacer un regalo de lo más aromático, reduzca el tamaño del pájaro y rellénelo con lavanda seca.

01 Use las plantillas para recortar dos figuras de pájaro de su tela (asegúrese de que una está al revés) y seis figuras de gota para las alas de fieltro (dos deben ser de un color y cuatro, del otro).

02 Sujete con alfileres las alas en cada una de las piezas de tela. A continuación cósalas con dos hebras de hilo de bordar; utilice el punto de bastilla.

03 Con un rotulador lavable con agua, calque los ojos en el derecho de cada figura de pájaro. Cosa los ojos con un pespunte; para ello utilice tres hebras de hilo de bordar. Una vez terminados, frótelos con cuidado con un paño húmedo para eliminar los trazos de rotulador.

04 Una las figuras de pájaro por el derecho y sujételas con alfileres. Cósalas a 1 cm, aproximadamente, del borde, dejando una separación de unos 10 cm en la parte inferior.

05 En diagonal, corte los extremos en la parte del pico y la cola, con cuidado de no cortar demasiado cerca de las puntadas. Introduzca la mano en el pájaro y dele la vuelta; luego utilice una aguja de tejer u otro objeto de punta roma para sacar las esquinas. Tenga cuidado de no perforar la tela.

06 Rellene el pájaro con poliéster hasta que tenga suficiente volumen y su superficie esté uniforme. Piense en introducir el relleno en los extremos del pico y la cola.

07 Doble los bordes de la abertura y ciérrelos con un sobrehilado. Para terminar, planche un poco el pájaro a temperatura media.

CLARE NICOLSON

En 2004 Clare ideó su línea de accesorios y tejidos de interior. Es una amante y coleccionista de todo tipo de objetos de estilo *vintage*, y su colección no deja de crecer. Clare siempre está creando, ya sea para una nueva colección o a modo de entretenimiento, y nunca anda lejos de su máquina de coser. La encontrará en línea en www.clarenicolson.com.

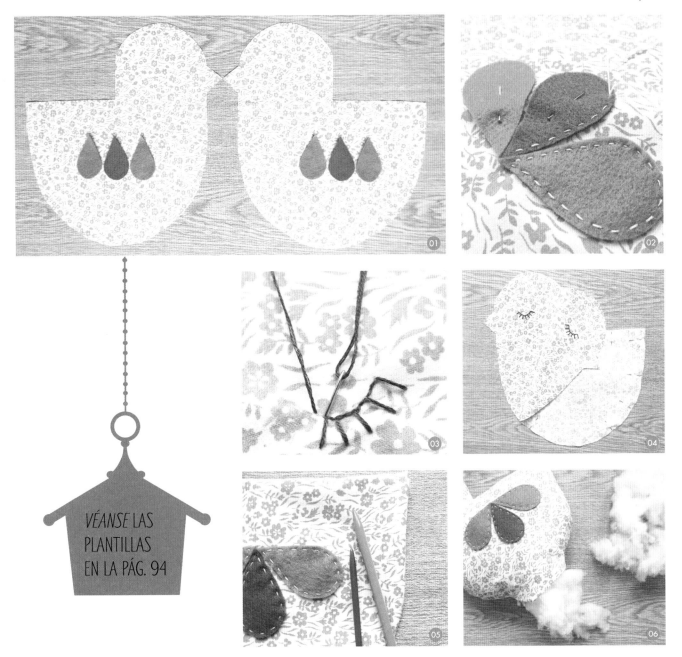

VÉANSE LAS PLANTILLAS EN LA PÁG. 94

PAJARERA BORDADA

CASA «CUCUT»

ESTA PEQUEÑA, DULCE Y DECORATIVA PAJARERA ES UN ADORNO PERFECTO PARA EL PORCHE
O LA ENTRADA DE SU CASA. ¡QUÉ MEJOR FORMA DE DAR LA BIENVENIDA A SUS FAMILIARES Y AMIGOS!
ESTÁ CONFECCIONADA CON MOTIVOS DE TELA BORDADOS SOBRE FIELTRO, COMO SU ADORABLE
Y HACENDOSO INQUILINO Y EL PARTERRE DE FLORES.

¡UN ORIGINAL
ADORNO
PARA COLGAR!

CÓMO HACER... UNA PAJARERA BORDADA

VÉANSE LAS PLANTILLAS EN LA PÁG. 93

MATERIAL

UN TROZO DE ALGODÓN DE COLOR CLARO DE 15 × 20 cm

UN TROZO DE FIELTRO MARRÓN DE 9 × 11 cm

UN TROZO DE FIELTRO AZUL CLARO DE 10 × 9 cm

UN TROZO DE FIELTRO ROJO DE 5 × 4 cm

HILOS DE BORDAR: MARRÓN, VERDE, AMARILLO, ROJO Y BLANCO

ROTULADOR PARA TELA LAVABLE

ARO PARA BORDAR Y AGUJA DE BORDAR

TIJERAS Y ALFILERES

CONSEJO

Los bordes de la tela deshilachados añaden un encanto especial, pero, si lo prefiere, puede sellarlos con un sellador de tela.

01 Calque los patrones de bordado de la pajarera, el pájaro y el parterre de flores sobre la tela de algodón de color claro. Inserte la tela en un arco para bordar y borde los diseños con tres hebras. Emplee el punto de tallo para la mayoría de las líneas curvas; el punto atrás para la mayoría de las líneas rectas; unos pequeños nudos franceses para los ojos del pájaro; unos nudos franceses más grandes para los topos del pañuelo del pájaro y los brotes del parterre de flores, y unas puntadas de punto margarita para los nudos del pañuelo y las flores.

02 Recorte por el contorno indicado de las piezas bordadas. Sujete con alfileres la pajarera al fieltro marrón, y el pájaro y el parterre de flores al fieltro azul claro. Cósalos con tres hebras de hilo de bordar y punto recto (para la pajarera, tan solo debe coser los lados y el borde inferior), luego ribetee el fieltro para contornear el dibujo, con puntadas un poco más grandes.

03 Con la ayuda de la plantilla, recorte dos cubiertas para el tejado de fieltro azul claro. Sujételas con alfileres sobre la parte superior de la casa, juntando los dos extremos en el centro. Cosa las cubiertas con tres hebras de hilo de bordar y punto recto.

04 Recorte un corazón de fieltro rojo. Cóselo en el extremo del tejado con tres hebras de hilo de bordar y punto recto, ribeteándolo por completo.

05 Corte dos tiras estrechas de fieltro rojo. Cosa el extremo superior de una tira al borde inferior de la pajarera por el reverso: haga una hilera de puntadas rectas en el centro de la tira, y luego cósala al reverso del borde superior del parterre de flores. Asegúrese de que atraviesa solamente el fieltro, no la tela bordada. Repita el procedimiento para la otra tira de fieltro.

06 Cosa el pájaro al lado izquierdo del derecho de la pajarera, encima de la cerca. Por el revés de la tela, haga unas cuantas puntadas que atraviesen la pajarera y la capa de fieltro solamente del pájaro. Asegúrelas con un pequeño nudo.

07 Con las seis hebras de hilo de bordar, confeccione un gancho. Haga un nudo en un extremo de unos 30 cm de largo y luego cóselo en el extremo del tejado, detrás del corazón. Deje un bucle de hilo y vuélvalo a coser en el fieltro, haciendo un nudo.

MOLLIE JOHANSON

Mollie Johanson creó su blog *Wild Olive* con la idea de que fuera una tienda creativa. Con el tiempo, ha convertido sus sueños y bocetos en bordados y proyectos sobre papel. Mollie vive cerca de Chicago y cada día se traslada a su estudio, situado en su propio domicilio, con su taza de café. La encontrará en www.wildolive.blogspot.co.uk.

BOLSA PARA PINZAS

DE TENDER LA ROPA CON GOLONDRINAS BORDADAS

HAGA MÁS LLEVADERA LA ABURRIDA TAREA DE TENDER LA COLADA CON ESTA BOLSA
BORDADA CON APLIQUES, QUE EVOCA LOS DISEÑOS DE LA DÉCADA DE 1950. ¡LE ENCANTARÁ
CREAR ESTAS GOLONDRINAS TAN ELEGANTES CON UNAS SENCILLAS PUNTADAS Y BORDAR
TODO UN GUARDARROPA DE PRENDAS EN MINIATURA!

¡SE ACABARON LOS DÍAS DE COLADA TRISTES!

CÓMO HACER... UNA BOLSA PARA PINZAS CON GOLONDRINAS

MATERIAL

UN TROZO DE LINO BORDADO DE 32 × 30 cm

DOS TROZOS DE TELA ESTAMPADA DE 32 × 30 cm
PARA EL REVÉS Y EL FORRO

RETALES DE TELA FINA DE ALGODÓN ESTAMPADA

HILOS DE BORDAR: TURQUESA OSCURO,
TURQUESA CLARO Y GRIS OSCURO

DOS BOTONES PEQUEÑOS

PERCHA MUY PEQUEÑA

ENTRETELA TERMOADHESIVA DE DOBLE CARA

MARCADOR PARA BORDADOS

PEQUEÑO ARO PARA BORDAR Y AGUJA DE BORDAR

ALFILERES, AGUJA DE COSER Y TIJERAS

MÁQUINA DE COSER (OPCIONAL)

01 Calque el diseño del bordado y los apliques sobre el lino. En primer lugar, cosa la golondrina inferior, centrando esta parte del diseño en el aro para bordar. Con dos hebras de hilo de bordar y punto de cadeneta, cree el pájaro inferior de color turquesa oscuro y luego desplace el tejido del aro para hacer el pájaro superior, de turquesa claro. A continuación cosa la cuerda para tender la ropa con una hebra de hilo de bordar gris y punto de cadeneta.

02 Para hacer la ropa, calque la figura principal de cada prenda para confeccionar las plantillas de la falda, la blusa, los pantalones cortos y la camisa. Planche la entretela termoadhesiva de doble cara sobre el reverso de sus retales de ropa estampados y utilice las plantillas para recortar cada figura de ropa. Planche cada figura en el lugar adecuado.

03 Con una hebra de hilo de bordar gris oscuro y un punto de cadeneta muy fino, ribetee las siluetas de la ropa y luego haga los detalles. Cosa las líneas para representar las pinzas y cosa los dos botones pequeños en la blusa. Elimine los trazos azules de rotulador que se aprecien en las puntadas.

04 Utilice la plantilla de la bolsa para pinzas de tender la ropa para recortar el lino bordado y hacer la forma de la bolsa. Asimismo, corte un forro y un reverso de la tela estampada, que necesitará más adelante. Indique la posición de la abertura sobre la parte delantera, de lino bordado. Sitúe la parte anterior de lino bordado sobre la tela del forro, juntándolas por el derecho, y sujételas con alfileres. Cosa una hilera alrededor de la abertura indicada, a 6 mm de esta. Con cuidado, corte ambas capas de tela por la línea de la abertura.

05 Pliegue la parte anterior bordada de la bolsa por la abertura y plánchela para obtener un toque profesional.

06 Coloque la parte anterior forrada sobre la parte posterior de la bolsa para las pinzas de tender la ropa, uniéndolas por el derecho, y ribetee todo el borde exterior, dejando un espacio diminuto en la parte superior. Introduzca la mano por la abertura delantera, dé la vuelta a la tela y planche.

07 Para crear un pequeño tubo con la tela, doble una estrecha tira de la tela por la parte posterior y ribetee el borde más largo. Ensarte el gancho para colgar y una las hileras de puntadas de modo que queden ligeramente fruncidas.

08 Introduzca la percha en la abertura de la bolsa para las pinzas de tender la ropa, de modo que el gancho salga por la minúscula abertura que hay en la parte superior. Por último, añada un pequeño lazo de tela a juego a la base de la percha.

VÉASE LA PLANTILLA EN LA PÁG. 91

JENNY DIXON

A Jenny, periodista especializada en arte, siempre le han encantado las manualidades. Vive en Bath, Reino Unido, donde comparte vivienda con un alijo de telas extraordinariamente grande. La encontrará en línea en: www.jennysbuttonjar.wordpress.com.

01

02

04

05

06

07

08

COTORRA DE TELA

EN UN COLUMPIO

ESTA MASCOTA TAN ORIGINAL, DE COLORES LLAMATIVOS, ALEGRARÁ CUALQUIER HABITACIÓN, POR LO QUE ES IDEAL PARA COLGAR SOBRE LA CUNA DE UN RECIÉN NACIDO. EL PÁJARO MIDE UNOS 25 CM DE LARGO, CONTANDO LA COLA, POR 5 CM DE ANCHO.

¿QUIÉN ES EL MÁS GUAPO?

CÓMO HACER... UNA COTORRA EN UN COLUMPIO

MATERIAL

UN TROZO DE TELA VERDE ESTAMPADA
DE 14 × 20 CM

UN TROZO DE TELA ROJA ESTAMPADA DE 6 × 15 CM

UNA TIRA DE TELA ESTAMPADA DE 4 × 100 CM

RETALES DE TELA: ROJO, AZUL, GRIS, AMARILLO
Y BLANCO

RELLENO DE FIBRA DE POLIÉSTER

PALO DE MADERA O ESPIGA DE MADERA CORTA

DOS PEQUEÑAS CUENTAS ESFÉRICAS NEGRAS,
AGUJA E HILO DE COSER

UN CASCABEL GRANDE Y UN TROZO DE CINTA ROJA

ALAMBRE MOLDEABLE O ALAMBRE FINO
DE JARDINERÍA

PEGAMENTO EN BARRA Y COLA DE CONTACTO

TIJERAS Y TENAZAS

MÁQUINA DE COSER

01 Utilice las plantillas para recortar las dos piezas del cuerpo de la tela verde estampada, la pieza de la barriga de la tela roja estampada, los dos picos de la tela gris, las tres plumas de la cabeza de la tela roja, los dos parches para los ojos de la tela blanca y las diez plumas para la cola de retales de tela.

02 Coloque, del derecho, una pieza del cuerpo y otra del pico en las zonas pertinentes de la cabeza. Cósalas a máquina con un punto pequeño en zigzag. Haga lo mismo para el resto del cuerpo y el pico. Corte la tela verde que hay debajo del pico.

03 Ponga una pieza del cuerpo con el derecho boca arriba y coloque las tres plumas de la cabeza apuntando hacia abajo, de modo que estén alineadas en los puntos A y B de la cabeza de la cotorra; a continuación, disponga la segunda pieza del cuerpo encima, con el derecho boca abajo. Cosa a máquina con punto recto de A a C, dejando un margen de costura de 3 mm.

04 Abra ligeramente el cuerpo de la cotorra y coloque la barriga a un lado, de modo que los lados derechos queden uno enfrente de otro; cósalos a máquina de X a Y. Haga lo mismo en el lado opuesto. Cosa alrededor del pico y de la cabeza. Dé la vuelta a la tela agarrándola por la cola y rellénela con un poco de fibra de poliéster antes de coser la cola.

05 Pegue los parches de los ojos con el pegamento en barra y, a continuación, cosa las pequeñas cuentas esféricas para los ojos. Pegue las plumas de la cola de modo que queden ligeramente superpuestas, cinco en la parte superior de la cola y cinco debajo. Para rematar esta zona, puede añadir en las junturas un par de plumas hechas con la tela que ha utilizado para el cuerpo y la barriga.

06 Para confeccionar el columpio, enrosque un extremo del alambre en el final del palo y forme una U. Haga lo mismo con el otro extremo. Corte el alambre sobrante. Forre el alambre con retales de tela, envolviéndolo a conciencia hasta cubrirlo por completo.

07 Sosteniendo el columpio debajo de la barriga de la cotorra, cosa la tela y el contorno del palo para crear las garras de la cotorra y montarla en el columpio. Aplique una gota de cola de contacto en el punto en que la barriga se apoya sobre el columpio para asegurarse de que el ave quede bien sujeta.

08 Ensarte el cascabel en una cinta corta y anúdela de modo que el cascabel quede justo encima de la cotorra. Añada una cinta más larga para colgar el columpio de la cotorra del techo.

VÉASE LAS PLANTILLAS EN LA PÁG. 93

KIRSTY ELSON

Kirsty es una artista multimedia residente en Cornualles. Está especializada en esculturas con madera y *collages* de papel. Es una adicta confesa a las telas, y le encanta experimentar con la máquina de coser. Para saber más de ella, visite www.kirstyelsondesigns.co.uk.

02

05

03

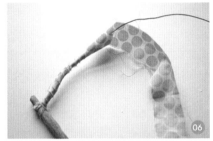

06

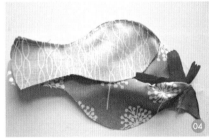

04

CONSEJO

Si desea crear una cotorra todavía más llamativa, pruebe a añadirle unas plumas estridentes en la cabeza o unas alas a juego.

07

CUBRECAFETERAS

DE FIELTRO CON GALLOS

ESTE CUBRECAFETERAS TAN ALEGRE Y COLORIDO, JUNTO CON EL JUEGO DE LOS TRES POSAVASOS,
ESTÁ INSPIRADO EN EL ARTE POLACO DEL WYCINANKI (SE PRONUNCIA «VICHINONQUI»),
QUE CONSISTE EN FIGURAS DE PAPEL RECORTADO. SI NO LE GUSTA EL CAFÉ, PUEDE AMPLIAR
EL MOTIVO DEL GALLO Y USARLO PARA DECORAR UNA TETERA.

EN PERFECTA
SIMETRÍA

CÓMO HACER... UN CUBRECAFETERAS CON GALLOS

MATERIAL

DOS LÁMINAS DE FIELTRO BLANCO DE 23 × 30,5 CM

TRES LÁMINAS DE FIELTRO NEGRO DE 23 × 30,5 CM

UN TROZO DE FIELTRO AZUL DE 10 × 18 CM

UN TROZO DE FIELTRO NARANJA Y OTRO VERDE PRIMAVERA DE 10 × 15 CM

TROZOS DE FIELTRO DE COLOR ROJO, AZUL CLARO, AMARILLO, TURQUESA, ROSA Y FUCSIA DE 10 × 12,5 CM

UNA LÁMINA DE FIELTRO AMARILLO NARANJA DE 5 × 9 CM

HILOS DE COSER A JUEGO CON LOS COLORES DEL FIELTRO

HILO DE BORDAR DE COLOR NEGRO Y DE VARIOS COLORES BRILLANTES

112 CM DE CINTA BLANCA DE 1 CM DE ANCHO

AGUJAS DE COSER Y BORDAR

ALFILERES Y TIJERAS

CÓMO HACER... EL CUBRECAFETERAS

01 Corte un rectángulo de fieltro blanco de 14,5 × 30 cm. Esta es la base a partir de la que construirá su colorido diseño con apliques superponiendo capas.

02 Utilice las plantillas para recortar todas las piezas del cubrecafeteras con gallos que se necesitan para el diseño con apliques en las cantidades y colores indicados en la página de la plantilla. Como el diseño es simétrico, la mayoría de las plantillas se usarán para cortar dos piezas. Las plantillas que se proporcionan son para el lado izquierdo del cubrecafeteras; así pues, deberá girar las plantillas antes de cortar la segunda pieza (para el lado derecho). El diseño está formado por capas superpuestas (A, B, C y D), por lo que le será de ayuda guardar juntos los motivos de cada capa a medida que los corte.

03 Algunas de las plantillas están marcadas con líneas en forma de V. Úselas como guía para saber dónde deben hacer, con las tijeras, pequeños cortes en forma de V a lo largo del borde de las figuras de fieltro.

04 Coloque el rectángulo de fieltro blanco sobre la superficie de trabajo y disponga la capa inferior de apliques (todos los motivos A) tal como se indica. Sujételos con alfileres e hilvánelos con unas puntadas

DISEÑADO POR LAURA HOWARD

grandes con hilo blanco (asegúrelas sin apretar en el reverso para que las pueda retirar fácilmente). Quite los alfileres y cosa todas las figuras en el lugar correspondiente con un sobrehilado; para ello utilice hilos de coser a juego. Cuando haya cosido todas las figuras, elimine el hilván.

05 Ahora, coloque la segunda capa de apliques (todos los motivos B) y cósalos en el lugar correspondiente; para ello vuelva a utilizar un sobrehilado e hilo de coser a juego.

06 Ponga la tercera capa de apliques (todos los motivos C). A medida que aumenta el grosor de las capas, quizá le resulte más fácil sostener las figuras para coserlas en lugar de sujetarlas con alfileres.

07 Finalmente, coloque la cuarta capa de apliques (todos los motivos D). Ahora cosa los ojos en el lugar adecuado con unas puntadas de sobrehilado blancas. Utilice tres hebras de hilo de bordar para coser la pupila de cada ojo, haciendo unas puntadas pequeñas una sobre la otra para crear la forma de la pupila.

VÉANSE LAS PLANTILLAS EN LA PÁG. 94

CONSEJO

Para cortar figuras pequeñas o complicadas, puede que le resulte más fácil sostener con la mano las plantillas sobre el fieltro o adherirlas con cinta adhesiva en lugar de sujetarlas con alfileres.

CONSEJO

Si lo prefiere, puede usar una cuenta esférica negra para cada pupila y coserla a conciencia con hilo negro.

04

05

06

07

08 Para confeccionar los detalles bordados de las flores del cubrecafeteras, utilice tres hebras de hilo de bordar de colores vivos muy contrastados. Haga unas puntadas largas individuales en forma de estrella o abanico, tal como se muestra en la foto.

09 Utilice tres hebras de hilo de bordar negro y el punto atrás para añadir los tallos y las hojas al dibujo. Cosa una hilera para cada tallo y luego añada las flores con punto de margarita suelto. Procure no tirar demasiado de los puntos para no fruncir el fieltro.

10 Recorte un rectángulo de fieltro negro de 14,5 × 30 cm, que le servirá de base. Sujete con alfileres la pieza negra de soporte con el lado sin decorar de la pieza delantera, de color blanco; recorte el fieltro sobrante de la pieza negra (puede que haya encogido ligeramente a causa de las puntadas en la pieza blanca). Luego quite los alfileres y reserve la pieza blanca, que es la que irá en la parte delantera.

11 Corte cuatro tiras de cinta blanca de 28 cm cada una, y recorte los extremos al bies. Sujete con alfileres dos de las tiras en un extremo corto de la pieza base, situándolas a 2 cm del borde. Cósalas con unas puntadas de sobrehilado con hilo negro, procurando no atravesar todo el fieltro. Cosa las otras dos tiras de cinta en el otro extremo corto, alineándolas a la

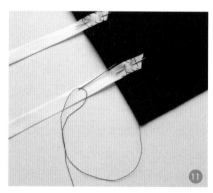

perfección con las dos primeras cintas para que coincidan cuando se anuden. (La colocación exacta de las cintas sobre el fieltro variará en función de la posición del asa de su cafetera).

12 Una con alfileres la parte anterior (blanca) y la posterior (negra) del cubrecafeteras y emplee tres hebras de hilo de bordar negro para ribetearlas con un cuidado punto de festón. Cuando cosa las cintas, haga un solo punto de sobrehilado y luego reanude inmediatamente el punto de festón. Termine con esmero el bordado en el reverso.

CÓMO HACER... LOS POSAVASOS

01 Corte tres círculos de 10 cm de diámetro del fieltro blanco, que le servirán de base sobre la que irá superponiendo los diferentes apliques. Utilice las plantillas del final del libro para recortar todas las figuras, y ayúdese de las marcas en forma de V para practicar los pequeños cortes (también en forma de V) a lo largo de algunos bordes.

02 Para cada posavasos, coloque las figuras de mayor tamaño (el motivo A) sobre un círculo blanco; sujételas con alfileres y luego cósalas en el lugar que corresponda con un sobrehilado e hilo de coser a juego.

03 Cosa las siguientes dos capas (los motivos B y luego los motivos C) con otras puntadas de sobrehilado e hilo de un color a juego. A continuación, utilice tres hebras de hilo de bordar de un color vivo muy contrastado para coser un abanico de puntos rectos, tal como se aprecia en la imagen.

04 Corte tres círculos de 10 cm de diámetro del fieltro negro para crear las bases de los posavasos. Una con alfileres el círculo delantero (el blanco) y el posterior (el negro) y ribetéelos con punto de festón; para ello, use tres hebras de hilo de bordar negro. Remate el bordado cuidadosamente en el reverso.

CONSEJO

Las flores de los posavasos también se pueden utilizar en pinzas para el pelo o broches.

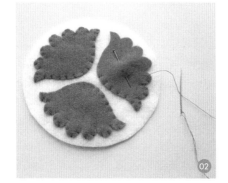

IDEAS GENIALES

AMIGOS
CON PLUMAS

01

Abigail Brown, artista e ilustradora textil residente en
Londres, se describe a sí misma como una acumuladora
compulsiva y una gran amante del desorden. Utiliza
su reserva siempre creciente de nuevas y viejas telas
para dar vida a seres increíblemente reales. Un buen
ejemplo de ello es este precioso flamenco, de su
colección de especies de aves. Todas sus creaciones
están cosidas a mano con mucho amor y atención a
los detalles. Conózcala en www.abigail-brown.co.uk.

02

El taller que tiene Anya Keeley en Hereford,
Reino Unido, es un auténtico almacén de maletas
llenas de todo tipo de cachivaches, tarros con
botones y cajones repletos de baratijas, que
le sirven de inspiración para crear su colección de
curiosidades y fantasiosas maravillas. Cada diseño
es único, como Henry el Frailecillo (en la imagen),
creado con alambre y papel maché. Encontrará
todas sus creaciones en www.anyakeeley.com.

03

Melanie Ann Green (alias Feltmeupdesigns) pretende
captar las diferentes personalidades de las aves
domésticas y salvajes mediante sus esculturas de
fieltro modelable con aguja. Los pájaros que realiza
rebosan de vida, desde los dulces periquitos con
sus expresiones burlonas y sus cabezas ligeramente
ladeadas hasta los descarados y traviesos tucanes.
En Feltmeupdesigns.blogspot.co.uk encontrará
sus últimos diseños.

04

UNA
LECHUZA
AMOROSA

05

06

04

Greta Tulner hizo de su pasión por el ganchillo su trabajo diario vendiendo en Etsy sus manualidades tan coloridas e ingeniosas. Esta guirnalda de lechuzas lleva los típicos cuadros de ganchillo a su máxima expresión. Para ver más diseños de Greta Tulner, visite www.Atergcrochet.etsy.com.

05

La artista Jen Hardwick, residente en Seattle, crea *collages* con materiales nuevos y reciclados. Para confeccionar los viejos y sabios búhos, utiliza llaves, pintura acrílica, puertas metálicas, páginas de libros, cucharas, metales reciclados, componentes de relojes y radios, botones, planchas de imprenta con letras, frascos de cristal y piezas de madera. Visite www.redhardwick.etsy.com para ver sus originales diseños.

06

Esta dulce lechuza posada sobre el móvil en forma de luna es otra sensacional creación con tela de Kirsty Elson, la diseñadora de la cotorra sobre el columpio (*véase pág. 56*). Tiene una barriga de topos de color verde lima sobre un fondo blanco, y unos magníficos botones azules a modo de ojos. Está provista de un relleno de lavanda, por lo que colgada en el dormitorio ayuda a conciliar el sueño. Si le ha gustado esta adorable ave, visite www.kirstyelsondesigns.co.uk para ver más obras de Kirsty Elson.

JAULA CAZASUEÑOS

DE ALAMBRE Y CUENTAS

LOS NATIVOS AMERICANOS CREÍAN QUE LOS CAZASUEÑOS ATRAPABAN LAS PESADILLAS EN SU TELARAÑA CENTRAL Y, DE ESTE MODO, LOS PROTEGÍAN POR LA NOCHE MIENTRAS DORMÍAN. ESTE CAZASUEÑOS DE ESTILO *VINTAGE* EN FORMA DE JAULA, HECHO DE ALAMBRE, TELA, CUENTAS Y PLUMAS, CONSTITUYE UNA DECORATIVA MANERA DE ENDULZAR SUS SUEÑOS.

DULCES
SUEÑOS

CÓMO HACER... UNA JAULA CAZASUEÑOS

MATERIAL

ALAMBRE DE HIERRO DE TRES GROSORES DISTINTOS: GRUESO, MEDIO Y MUY FINO

UNA RAMITA DE UNOS 22 cm DE LARGO

TIRAS DE TELA ESTAMPADA Y CINTAS DE ENCAJE

CUENTAS DE DISTINTAS FORMAS, COLORES Y TAMAÑOS, ENTRE ELLAS, VARIAS CUENTAS DE MADERA GRANDES

ALGUNAS PLUMAS

PÁGINAS DE UN LIBRO ANTIGUO

CINTA ADHESIVA DE DOBLE CARA

PISTOLA DE ENCOLAR

HILO RESISTENTE

PINZAS TORCEDORAS DE ALAMBRE Y ALICATES

CONSEJO

Para lograr un resultado más moderno, utilice papel estampado con colores vivos para el pájaro y cinta en lugar de encaje, y opte por unas plumas de colores y abalorios brillantes.

01 Calque la plantilla de la jaula y utilícela como pauta para cortar y doblar el alambre más grueso de acuerdo con el esquema de la jaula (se indica con la letra A en la plantilla). Doble el final del alambre en ambos extremos de la ramita.

02 Corte cinco trozos de alambre de grosor medio (para los barrotes verticales) y sujételos en la lazada para colgar, situada en la parte superior de la jaula. Dé forma a los barrotes y enrolle con dos vueltas el extremo de cada uno a la rama (se indica con la letra B en la plantilla).

03 Utilice un alambre muy fino para crear los dos barrotes horizontales (se indican con la letra C en la plantilla) y enróllelo con una vuelta a los barrotes verticales para que quede bien sujeto.

04 Corte unas tiras estrechas de tela estampada de 1,5 cm de ancho. Cubra el alambre grueso con cinta adhesiva de doble cara; retire el soporte de la cinta y luego enrolle las tiras de tela sobre el alambre, dejando la lazada para colgar sin cubrir en el extremo superior.

05 Corte más tiras estrechas de tela estampada; cósalas a unas tiras de cinta de encaje para obtener una tira larga de tela y encaje. Pase la tira de tela y encaje entre los barrotes en el tercio inferior y el tercio superior de la jaula. Sujete los extremos con cinta adhesiva de doble cara o cósalos a mano.

06 Con la ayuda de las plantillas del pájaro y el ala, elabore el pájaro de papel reciclado a partir de un libro viejo. Corte un pájaro, dos alas y una cola. Pegue la cola debajo del pájaro, dejando sueltas las plumas de la cola. Pegue un ala encima de otra, pero con el extremo de las plumas despegado. Con cuidado, dé una forma curva a las plumas superiores de la cola y el ala que no están pegadas.

07 Ate con firmeza el extremo de un trozo de hilo resistente a una cuenta de madera y luego ensarte más cuentas. Utilice la pistola de encolar para aplicar un poco de pegamento en la cavidad inferior de la cuenta de madera e introduzca una pluma; déjelo secar. Cree en total cinco hilos decorados, de diferentes longitudes.

08 Amarre los hilos con cuentas en las lazadas de alambre en la base de la jaula. Anúdelas con firmeza y tire del extremo del hilo para colocar bien las cuentas antes de cortar.

09 Finalmente, utilice la pistola de encolar para pegar el pájaro de papel a la jaula decorada. Anude una cinta de encaje larga en la lazada para colgar, y su jaula cazasueños ya estará a punto.

VÉANSE LAS PLANTILLAS EN LA PÁG. 92

ELINE PELLINKHOF

Eline vive en los Países Bajos, donde trabaja de diseñadora *freelance*. Es autora de varios libros de manualidades y le entusiasma combinar técnicas y materiales inesperados en sus proyectos. Sus principales fuentes de inspiración son los bordados, las postales *vintage*, las flores y las telas de vivos colores. La encontrará en línea en elinepellinkhof.blogspot.com.

01

02

03

05

06

04

08

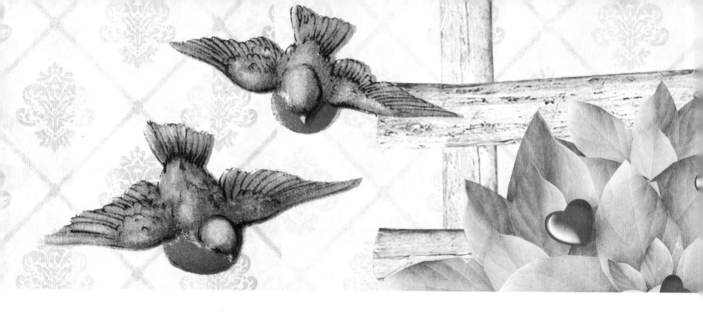

FUNDA PARA PINCELES

DE MAQUILLAJE RIBETEADA CON PÁJAROS ESTAMPADOS

GUARDE SUS PINCELES DE MAQUILLAJE EN ESTA PRECIOSA FUNDA, FORRADA CON UNA TELA ESTAMPADA CON MOTIVOS DE PÁJAROS. LA PARTE DELANTERA ESTÁ DECORADA CON UN PAJARITO MUY DULCE ENGALANADO CON UNA DIVERTIDA CORONA, Y RIBETEADA CON UN MAGNÍFICO VOLANTE DE TELA. UNA SUNTUOSA CINTA DE TERCIOPELO PERMITE CERRAR LA FUNDA.

¡PINCELES
PARA LLEVAR!

CÓMO HACER... UNA FUNDA PARA PINCELES DE MAQUILLAJE

MATERIAL

LINO NATURAL: UN TROZO DE 25 × 32 CM Y UN TROZO DE 23 × 34 CM

TELA CON MOTIVOS DE PÁJAROS: UN TROZO DE 25 × 32 CM Y UNA TIRA DE 50 × 3 CM

UN TROZO DE GUATA DE 25 × 32 CM

135 CM DE CINTA DE TERCIOPELO Y 35 CM DE RIBETE DE ENCAJE DE ALGODÓN

ENTRETELA TERMOADHESIVA DE GROSOR MEDIO

SELLOS DE GOMA CON MOTIVOS DE PÁJARO (BIRD NOTES CLEAR ART STAMPS DE CRAFTY SECRETS)

ALMOHADILLA DE TINTA NEGRA (VERSACRAFT) Y PLANCHA ACRÍLICA PARA SELLOS

ALFOMBRILLA DE CORTE, CÚTER ROTATIVO Y TIJERAS

REGLA Y LÁPIZ

MÁQUINA DE COSER Y PLANCHA

01 Corte una tira de entretela termoadhesiva de 50 × 3 cm y plánchela en el reverso de la tira de tela con motivos de pájaros. Con el punto recto más largo de su máquina de coser y un hilo a juego, cósala por el centro. Tire de un extremo del hilo para fruncir la tela de forma que mida algo más de 25 cm. Asegure los extremos, iguale los volantes y haga un poco de presión sobre ella.

02 Ahora tome el trozo de lino de 23 × 34 cm (para el bolsillo) y dóblelo por la mitad en horizontal. Presione sobre él. A continuación, sujete con alfileres el encaje y luego una tira de cinta de terciopelo a lo largo del borde doblado.

03 Corte un trozo de entretela termoadhesiva de 25 × 32 cm y plánchela sobre el reverso del trozo del mismo tamaño de la tela con motivos de pájaros. Coloque el bolsillo de lino decorado a lo largo del borde inferior de la tela estampada (con los lados derechos boca arriba), de forma que los bordes sin coser queden alineados y ligeramente superpuestos en cada lado. Introduzca un par de alfileres para unirlos y luego deles la vuelta (con el reverso boca arriba). Sujete con alfileres la parte inferior y los lados.

04 También por el reverso, dibuje las líneas de la costura para los bolsillos (con seis líneas obtendrá siete bolsillos). Empezando por la línea situada más en el centro,

y con un hilo de color natural, cosa el borde inferior hasta que note la parte superior del bolsillo; luego vuelva a seguir la línea de la costura hacia abajo.

05 Ahora cosa cada lado de la tira del bolsillo a una corta distancia de los bordes y luego corte la tela sobrante.

JOOLES DE SEW SWEET VIOLET

Jooles, una entusiasta de la costura, de las manualidades y de los pasteles, vive en West Sussex con su marido y sus dos preciosas hijas adolescentes. Es muy hogareña y le encanta pasarse el día trasteando en su cuarto de costura. Visite su blog en sewsweetviolet.blogspot.com o descubra sus creaciones en sewsweetviolet.etsy.com.

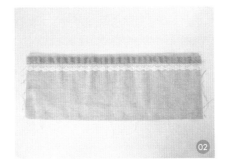

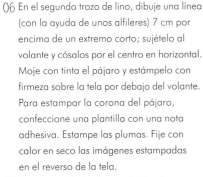

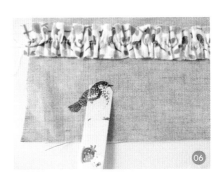

06 En el segundo trozo de lino, dibuje una línea (con la ayuda de unos alfileres) 7 cm por encima de un extremo corto; sujételo al volante y cósalos por el centro en horizontal. Moje con tinta el pájaro y estámpelo con firmeza sobre la tela por debajo del volante. Para estampar la corona del pájaro, confeccione una plantilla con una nota adhesiva. Estampe las plumas. Fije con calor en seco las imágenes estampadas en el reverso de la tela.

07 Para montar la funda para las brochas de maquillar, disponga la guata sobre una superficie plana y coloque la capa del bolsillo al lado derecho en el extremo superior. Doble por la mitad la cinta de terciopelo sobrante, juntando los lados derechos, y colóquela justo encima del bolsillo a la izquierda. Ponga la capa delantera en el extremo superior, con el lado derecho boca abajo, y el borde estampado a la izquierda. Sujételos con alfileres.

08 Cosa a 1 cm del borde, dejando un espacio para el dobladillo. Corte las puntas, dé la vuelta a la prenda y planche. Cosa a mano la abertura con punto ciego.

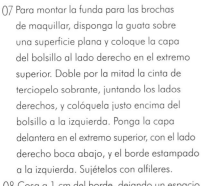

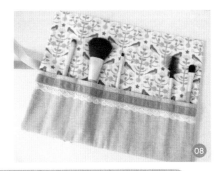

CONSEJO
Puede adaptar el tamaño de los bolsillos a sus pinceles. Primero practique la estampación en algún retal de tela hasta que haya obtenido un resultado satisfactorio.

POLLUELOS RECIÉN NACIDOS

DE GANCHILLO

NO ESPERE A PASCUA PARA CONFECCIONAR ESTOS TRES POLLUELOS DE GANCHILLO
QUE DARÁN UN TOQUE DE TERNURA A CUALQUIER RINCÓN DE SU CASA. BASTA
CON UNAS VUELTAS DE PUNTO BAJO Y UNOS DETALLES BORDADOS PARA CREAR
ESTOS PERSONAJES REGORDETES TAN SIMPÁTICOS.

CÓMO HACER... UNOS POLLUELOS RECIÉN NACIDOS

MATERIAL

OVILLOS DE 50 G DE ANNELL RÁPIDO, UNO
DE CADA COLOR: ROSA 3277 (A), AMARILLO 3215
(B), CIAN CLARO 3222 (C), MARRÓN 3211 (D)
Y ARENA 3361 (E), O UN HILO SIMILAR
(DK ACRÍLICO)

GANCHOS DE GANCHILLO DE 3 MM Y 4,5 MM

AGUJA DE BORDAR

AGUJA DE COSER

HILO DE COSER: NARANJA Y NEGRO

RELLENO DE FIBRA DE POLIÉSTER

CONSEJOS SOBRE LA TENSIÓN

La tensión no es importante en
esta manualidad, pero tenga
en cuenta que el tejido de ganchillo
debe quedar lo suficientemente
denso para sostener la forma
redonda de los polluelos.

01 Haga los polluelos.

Puede empezar por la cabeza y trabajar
hacia abajo, o bien empezar por la base
e ir subiendo; el resultado final será el
mismo. En el caso de los polluelos rosa
y azul, los extremos del hilo se han dejado
sueltos encima de la cabeza para simular
un penacho de plumas, pero si lo prefiere
puede tejer los extremos.

Con un gancho de ganchillo de 3 mm,
confeccione un polluelo con los hilos A,
B o C. 4 cad. y una con p. e. para formar
el anillo de base.

Vuelta 1: 2 cad., luego haga 7 p. b.
en el anillo. P. e. sobre la segunda cad.
de las 2 primeras cad. para unir la vuelta
(8 p. b.).

Vuelta 2: 2 cad., 1 p. b. en el mismo
punto, * 2 p. b. en los siguientes puntos,
rep. desde * hasta el final. P. e. para cerrar
la vuelta (16 p. b.).

Vuelta 3: 2 cad., 1 p. b. en el mismo
punto, * 1 p. b. en los siguientes puntos,
2 p. b. en los siguientes puntos, rep.
desde * hasta el final. P. e. para unir
la vuelta (24 p. b.).

Vuelta 4: 2 cad., 1 p. b. en el mismo
punto, * 2 p. b. en los siguientes puntos,
rep. desde * hasta el final. P. e. para unir
la vuelta (48 p. b.).

Vueltas 5-9: 2 cad., * 1 p. b. en los
siguientes puntos, rep. desde * hasta el
final. P. e. para unir la vuelta (48 p. b.).
Introduzca el relleno de fibra de poliéster.

Vuelta 1

Vuelta 2

Vuelta 4

Vueltas 5-9

01

Vuelta 10: 2 cad., 1 p. b. en los siguientes puntos, * salte un punto, 1 p. b. en los siguientes 2 p., rep. desde * hasta el final. P. e. para unir la vuelta (32 p. b.).

Vuelta 11: 2 cad., * 1 p. b. en el siguiente punto, rep. desde * hasta el final. P. e. para unir la vuelta (32 p. m.).

Vuelta 12: 2 cad., * saltar 1 punto, 1 p. b. en el siguiente punto, rep. desde * hasta el final. P. e. para unir la vuelta (16 p. m.). Introduzca más relleno para redondear la forma del polluelo si es necesario.

Vuelta 13: 2 cad., * saltar 1 punto, 1 p. b. en el siguiente punto, rep. desde * hasta el final. P. e. para unir la vuelta (8 p. m.). Con una aguja de bordar, deslice el hilo por el resto de los puntos y tire con fuerza para cerrar el hueco. Cierre y teja los extremos.

02 Haga las alas.

Con la aguja de ganchillo de 3 mm, haga dos alas para cada polluelo utilizando los hilos A, B o C, según convenga. Haga 7 cad. para crear la hilera base.

Hilera 1: 1 p. m. en la tercera cadeneta desde el gancho, 1 p. m. sobre cada cadeneta, gire (5 p. m.).

Hilera 2: 2 cad. (cuentan como 1 p. m.), 1 p. m. en cada p. m., gire.

Hilera 3: p. e. en el primer p. m., 2 cad. (cuentan como 1 p. m.), 1 p. m. en cada p. m. (4 p. m.).

Hilera 4: 2 cad. (cuentan como 1 p. m.), 1 p. m. en cada p. m. Cierre y teja los extremos.

03 Cosa las alas.

Como pauta, cuente cinco vueltas desde el extremo superior del cuerpo del polluelo

---

DISEÑADOS POR ILARIA CHIARATTI

y cosa la primera ala. Cosa la otra ala al lado opuesto del cuerpo.

04 Borde los detalles de los polluelos ayudándose de la fotografía; para ello utilice hilo de coser negro para los ojos y naranja para el pico.

05 Haga el nido.

Con el gancho de ganchillo de 4,5 mm y uniendo los hilos D y E, haga 4 cad. y una con p. e. para formar el anillo de base.

Vuelta 1: 2 cad., luego haga 7 p. a. en el anillo. P. e. en la segunda cad. de las dos primeras cad. para unir la vuelta (8 p. a.).

Vuelta 2: 2 cad., 1 p. a. en el mismo punto, * 2 p. a. en el siguiente punto, rep. desde * hasta el final. P. e. para unir la vuelta (16 p. a.).

Vuelta 3: 2 cad., 1 p. a. en el mismo punto, * 1 p. a. en el siguiente punto, 2 p. a. en el siguiente punto, rep. desde * hasta el final. P. e. para unir la vuelta (24 p. a.).

Vuelta 4: 2 cad., 1 p. a. en el mismo punto, * 2 p. a. en el siguiente punto, rep. desde * hasta el final. P. e. para unir la vuelta (48 p. a.).

Vuelta 5: 2 cad., 1 p. a. en el mismo punto, * 1 p. a. en el siguiente punto, 2 p. a. en el siguiente punto, rep. desde * hasta el final. P. e. para unir la vuelta (72 p. a.).

Vueltas 6-7: 2 cad., * 1 p. a. en el siguiente p. a., rep. desde * hasta el final (72 p. a.).

Vuelta 8: * 5 cad., saltar 4 p. a., 1 p. a. en el extremo superior del p. a. en la vuelta inferior, rep. desde * hasta el final. P. e. para unir la vuelta. Cierre y teja los extremos.

Abreviaturas

cad.: cadeneta

p. b.: punto bajo

p. m.: punto medio

rep.: repetir

p. e.: punto enano

p. a.: punto alto

LIBRETA CON PÁJARO CARPINTERO

EN LINÓLEO

ESTA LIBRETA DE TAPA DURA, ESTAMPADA CON EL DIBUJO DE UN PÁJARO CARPINTERO TALLADO
A MANO, ES LO BASTANTE PEQUEÑA COMO PARA LLEVARLA EN EL BOLSILLO, Y RESULTA IDEAL
PARA ANOTAR SUS CREATIVAS IDEAS. MIDE 10 CM POR 14 CM Y, SI ALARGA EL TRONCO DEL ÁRBOL,
EL DISEÑO TAMBIÉN SERÁ ADECUADO PARA UNA LIBRETA DE MAYOR TAMAÑO.

ESTAMPACIÓN
EN SECO

CÓMO HACER... UNA LIBRETA CON PÁJARO CARPINTERO

MATERIAL

UNA LIBRETA PEQUEÑA DE 10 × 14 CM

DOS HOJAS DE CARTULINA FINA EN COLOR NATURAL DE 10 × 14 CM

UNA HOJA DE PAPEL DE COLOR MARRÓN DE 10 × 15 CM

ALMOHADILLAS DE TINTA: NEGRA, ROJA Y NARANJA

PLACA DE LINÓLEO BLANDA (TIPO SPEEDY-CARVE)

CUCHILLA DE HOJA FINA PARA CORTAR LINÓLEO

PAPEL DE CALCAR, LÁPIZ Y REGLA

PEGAMENTO

PERFORADORA

CÚTER Y ALFOMBRILLA PARA CORTAR

CONSEJO

Guarde el diseño que ha cortado y utilícelo una y otra vez para estampar papel de regalo y tarjetas de felicitación, o bien para decorar carpetas y archivadores.

01 Calque el pájaro carpintero (sin el penacho) de la plantilla. Gire el dibujo calcado y colóquelo boca abajo sobre la plancha de linóleo blanda. Repase los trazos del dibujo para traspasar el diseño a la plancha. Utilice la cuchilla para linóleo para cortar la figura; primero corte con cuidado alrededor del contorno y luego céntrese en los detalles.

02 Use un cúter para cortar la plancha; deje aproximadamente 1 cm alrededor del contorno del pájaro carpintero. Ahora use la cuchilla especial para perfilar todo el contorno del motivo. (Puede que tenga que usar una hoja más ancha).

03 Haga una impresión de prueba: presione la plancha cortada sobre la almohadilla de tinta negra y, a continuación, sobre un trozo de papel. De este modo verá qué zonas se deben pulir un poco más.

04 Sobre una hoja de cartulina fina, dibuje una línea con el lápiz a 3 cm del borde izquierdo. Imprima el pájaro carpintero de modo que la cola quede a 6 mm por encima del borde inferior y las patas estén alineadas con el trazo hecho con lápiz.

05 Calque el penacho y traspáselo a un trozo de plancha de linóleo blanco. Corte alrededor de los trazos a lápiz con un cúter y emplee toda la pieza para imprimir con rojo el penacho.

VÉANSE LAS PLANTILLAS EN LA PÁG. 92

06 Calque el árbol y traspáselo al reverso de la hoja de papel con el dibujo. Recórtela, gire el árbol y utilice una perforadora para realizar el agujero hecho por el pájaro carpintero.

07 Pegue la cartulina perforada a la parte anterior de la libreta, y la cartulina sin perforar a la parte posterior. Encole el árbol y péguelo alrededor del lomo de la libreta (alinee el borde hasta el trazo hecho con lápiz en la parte anterior).

08 Corte una figura en forma de hoja de la plancha de linóleo blando y úsela para estampar algunas hojas de color naranja.

DISEÑADO
POR CLARE
YOUNGS

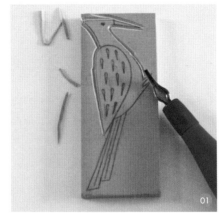

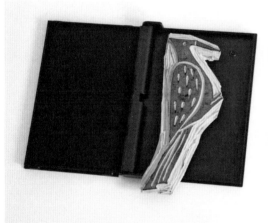

MANTA DE CUNA CON PAJARITOS

DE CUADRADOS DE GANCHILLO

ESTA PRECIOSA MANTA DE CUNA, HECHA CON LOS TRADICIONALES CUADRADOS
DE GANCHILLO, TIENE UNOS COLORIDOS PAJARITOS EN LOS BORDES QUE LE DAN UN
AIRE DIVERTIDO. CON ESTA LABOR, LOS PRINCIPIANTES IRÁN MÁS ALLÁ DE LOS SIMPLES
CUADRADOS DE GANCHILLO. LA MANTA TERMINADA MIDE 88 CM^2.

CÓMO HACER... UNA MANTA DE CUNA CON PAJARITOS

MATERIALES

OVILLOS DE 50 G DE PHILDAR IMPACT 3.5, SEIS EN BLANCO 0002 (BLANCO) (A), UNO AUBÉPINE 0046 (ROSA CLARO) (B), GRENADINE 0047 (ROSA SALMÓN) (C), TURQUESA 0058 (D), OPALINE 0057 (AZUL VERDOSO) (E), JONQUILLE 0049 (AMARILLO PÁLIDO) (F), MENTHE 0059 (VERDE ESMERALDA) (G) Y TOURNESOL 0050 (AMARILLO INTENSO) (H), O UN HILO SIMILAR (DK ACRÍLICO)

UNA PEQUEÑA CANTIDAD DE HILO NEGRO PARA LOS OJOS DEL PÁJARO

GANCHOS DE GANCHILLO DE 2,5 MM Y 4 MM

AGUJA DE BORDAR

CONSEJO

Para hacer un punto picot (véase vuelta 4 del paso 02), haga 3 cadenetas y luego cierre la lazada en picot con un punto enano en la primera cadeneta.

01 Haga 64 cuadrados en total: 6 en cada una de las 6 combinaciones indicadas (36 en total), 4 con motivos de pájaros en cada una de las 6 combinaciones indicadas (24 en total) y 4 para las esquinas; repita una de las combinaciones, o bien cree una propia (4 en total).

02 Haga 24 pájaros, 4 de cada una de las 6 combinaciones. Con un gancho de ganchillo de 4 mm, haga 6 cad. y únalas con p. e. para formar el anillo de base.

Vuelta 1: 3 cad. (cuentan como 1 p. a.), 5 p. a., 4 p. a. d., 6 p. a., una la vuelta con p. e., corte el hilo (16 p.). Utilice un poco de hilo de un color muy contrastado como marcador de puntos, y sujételo al primer p. a. d. de la vuelta 1.

Vuelta 2: Añada otro color entre el cuarto p. a. d. y el siguiente p. a. de la vuelta anterior (cuenta como 1 p. b.), 1 cad., * 1 p. b. entre los siguientes 2 p., 1 cad., rep. desde * hasta el final, una la vuelta con p. e., corte el hilo (16 p. b.).

Vuelta 3: Añada otro color en el espacio de cadeneta encima del primer p. a. d. marcado (cuenta como 1 p. b.), 1 cad., * 1 p. b. en el

6 × 6 motivos de cuadrados de ganchillo = 36, más otros 4 para las esquinas

4 × 6 motivos de pájaros = 24

01

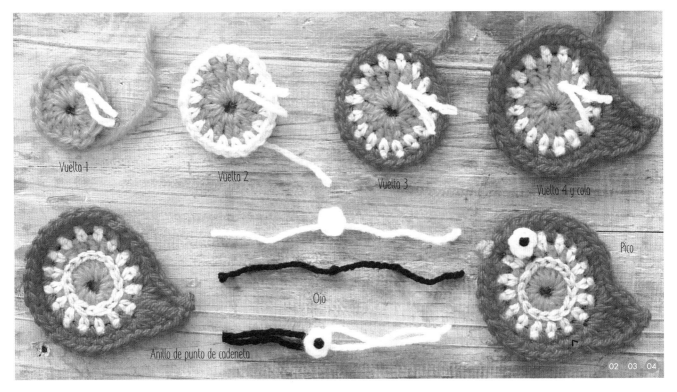

Vuelta 1

Vuelta 2

Vuelta 3

Vuelta 4 y cola

Pico

Ojo

Anillo de punto de cadeneta

02 03 04

siguiente esp. cad., 1 cad., rep. desde *
hasta el final, una la vuelta con p. e. (16 p. b.).
Vuelta 4: 1 cad. (cuenta como 1 p. b.), (2 p. b.
en el siguiente esp. cad.) diez veces. Haga las
colas de la siguiente forma: (p. b., p. m., p. a.,
p. a. d., p. a. t., picot) en el siguiente esp. cad.,
(p. a. d., p. a., p. m., p. b.) en el siguiente
esp. cad., (2 p. b. en el siguiente esp. cad.)
tres veces, 1 p. b. en el siguiente esp. cad.,
una la vuelta con p. e., corte el hilo.
Con un cuarto color, haga un anillo de
puntos de cadeneta alrededor del centro
de la primera hilera.
03 Haga los ojos de los pájaros.
Con un gancho de ganchillo de 2,5 mm
y el hilo A, haga 3 cad., 5 p. b. en la primera

cadeneta, únalos con p. e. y corte el hilo.
Para hacer las pupilas, corte 10 cm de hilo
negro y haga un doble nudo en el medio.
Tire de la pupila (hilo negro) a través del
centro del ojo (anillo blanco) y luego cosa
el ojo al motivo del pájaro.
04 Haga los picos para los motivos de los
pájaros. Con un gancho de ganchillo de
2,5 mm y el hilo H, añada el hilo al punto
8 contando desde el signo ^ (véase la foto
en esta página); haga 2 p. b. en el mismo
punto, corte el hilo. Introduzca el gancho
delante del primer punto añadido, con el hilo
sobre el gancho, corte el hilo y tire por delante.
Tire ambos hilos para formar el pico. Cierre
y teja los extremos.

05 Haga los cuadrados de ganchillo (haga 40;
6 de cada una de las 6 combinaciones
más 4 para las esquinas).
Con un gancho de 4 mm, y con hilo del
primer color que elija, haga 5 cad. y únalas
con p. e. para formar el anillo base.
Vuelta 1: 3 cad. (cuentan como 1 p. a.),
2 p. a., 2 cad., (3 p. a., 2 cad.) tres veces,
una la vuelta con p. e., corte el hilo (12 p.).
Vuelta 2: con hilo A, 3 cad. (cuentan
como 1 p. a.), 2 p. a. en el primer esp. cad.,
2 cad., 3 p. a. en el mismo esp. cad., * 1 cad.,
(3 p. a., 2 cad., 3 p. a.) en el siguiente esp.
cad., rep. desde * dos veces, 1 cad., una
la vuelta con p. e., corte el hilo A (24 p.).
Vuelta 3: con un hilo de otro color, 3 cad.

(cuentan como 1 p. a.), 2 p. a. en el primer esp. cad., 2 cad., 3 p. a. en el mismo esp. cad., * 1 cad., 3 p. a. en el siguiente esp. cad., 1 cad., (3 p. a., 2 cad., 3 p. a.) en el siguiente esp. cad., rep. desde * dos veces, 1 cad., 3 p. a. en el siguiente esp. cad., 1 cad., una la vuelta con p. e., corte el hilo (36 p.). Para la vuelta 4, *véase* paso 06; hará esta vuelta cuando una con ganchillo los cuadros.

06 Haga la manta.

Disponga 36 cuadrados de ganchillo en la combinación de colores que desee para formar un cuadrado de 6 × 6 y téjalos con ganchillo utilizando la vuelta 4. Teja con ganchillo alrededor del primer cuadrado:

Vuelta 4: añada el hilo A en un esp. de cad. de la esquina (3 cad., 2 p. a., 2 cad., 3 p. a.) en el mismo esp., * 1 cad., 3 p. a. en el siguiente esp. cad., 3 p. a. en el siguiente esp. cad., 1 cad., (3 p. a., 2 cad., 3 p. a.) en el siguiente esp. cad., rep. desde * dos veces, (3 p. a. en el siguiente esp. cad., 1 cad.) dos veces, una la vuelta con p. e., cierre (48 p.).

Teja con ganchillo alrededor de los otros cuadrados:

Vuelta 4 más cuadrados de ganchillo juntos (1 lado): añada el hilo A en un esp. cad. de la esquina (3 cad., 2 p. a., 2 cad., 3 p. a.) en el mismo espacio, (1 cad., 3 p. a. en el siguiente esp. cad.) dos veces, 1 cad., (3 p. a., 1 cad., 1 p. b. en el esp. cad. del cuadrado contiguo, 3 p. a.) en el siguiente esp. cad., (1 p. b. en el esp. cad. del cuadrado contiguo, 3 p. a. en el siguiente esp. cad.) dos veces, 1 p. b. en el esp. cad. del cuadrado contiguo, (3 p. a., 1 p. b. en el esp. cad. del cuadrado contiguo, 1 cad., 3 p. a.) en el esp. cad., (1 cad., 3 p. a. en el siguiente esp. cad.) dos veces, 1 cad., (3 p. a., 2 cad., 3 p. a.) en el siguiente esp. cad., (1 cad, 3 p. a. en el siguiente esp. cad.) dos veces, 1 cad., una la vuelta con p. e.

Vuelta 4 más cuadrados de ganchillo juntos (2 lados): una el hilo A a la esquina de un esp. cad., (3 cad., 2 p. a., 2 cad., 3 p. a.) en el mismo esp., (1 cad., 3 p. a. en el siguiente esp. cad.) dos veces, 1 cad., * (3 p. a., 1 cad., 1 p. b. en el esp. cad. del cuadrado contiguo, 3 p. a.) en el siguiente esp. cad., (1 p. a. en el esp. cad. del cuadrado contiguo, 3 p. a. en el siguiente esp. cad.) dos veces, 1 p. b. en el esp. cad. del cuadrado contiguo, rep. desde * una vez, (3 p. a., 2 cad., 3 p. a.) en el siguiente esp. cad., (cad. 1, 3 p. a. en el siguiente esp. cad.) dos veces, 1 cad., una la vuelta con p. e. Siga estos pasos hasta que los 36 cuadrados de ganchillo estén unidos y formen un cuadrado de 6 × 6.

07 Una los motivos de los pájaros a la manta. Elija 6 pájaros. Primero deberá añadir vueltas para convertirlos en cuadrados y luego unirlos con el borde de la manta.

Vuelta 1: con el gancho de ganchillo de 4 mm e hilo A, una el hilo en el tercer punto desde la cola, en el borde inferior del pájaro, haga 3 cad. (cuentan como 1 p. a.), 2 p. a.

Abreviaturas

cad.: cadeneta

esp. cad.: espacio de cadeneta

p. a.: punto alto

p. a. t.: punto alto triple

p. m.: punto medio

esp.: espacio

p. e.: punto enano

p. a. d.: punto alto doble

p. a. c.: punto alto cuádruple

en el mismo punto, 1 cad., introduzca el gancho por 2 bucles en el reverso de la cola, (3 p. a. d., 2 cad., 3 p. a. d.) en el mismo sitio, sobre el último p. b. de la cola 3 p. a. en el siguiente punto, 1 cad., saltar 2 p. b., 3 p. a. en el siguiente punto, 1 cad., saltar dos p. b., (3 p. a. d., 2 cad., 2 p. a. d.) en el siguiente punto dos veces, 1 cad., saltar 3 p. b., 3 p. a. en el siguiente punto, 1 cad., saltar 2 p. b., 3 p. a. en el siguiente punto, 1 cad., saltar 2 p. b., (3 p. a. d., 2 cad., 3 p. a. d.) en el siguiente punto, 1 cad., una la vuelta con p. e.

Vuelta 2: 3 cad. (cuentan como 1 p. a.), 1 cad., 3 p. a. en el siguiente esp. cad., 1 cad., (3 p. a., 2 cad., 3 p. a.) en el esp. cad., (1 cad., 3 p. a. en el siguiente esp. cad.) tres veces, 1 cad., (3 p. a., 1 cad., 1 p. b. en el esp. cad. del cuadrado de ganchillo contiguo, 3 p. a.) en el siguiente esp. cad., (1 p. b. en el esp. cad. del cuadrado de ganchillo contiguo, 3 p. a. en el siguiente esp. cad.) dos veces, 1 p. b. en el esp. cad. del

GRETA TULNER

A Greta le fascinan el vidrio y los hilos. Su mayor inspiración es el color. Tras crear sus diseños para una tienda en Francia, empezó a vender sus creaciones en Etsy. La encontrará en www.ATERGcrochet.etsy.com.

cuadrado de ganchillo contiguo, (3 p. a., 1 p. b. en el esp. de la esquina del cuadrado de ganchillo contiguo, 1 cad., 3 p. a.) en el esp. cad. de la esquina, (1 cad., 3 p. a. en el siguiente esp. cad., 1 cad.) tres veces, (3 p. a., 2 cad., 3 p. a.) en el siguiente esp. cad. de la esquina, 1 cad., 2 p. a. en el siguiente esp. cad., una la vuelta con p. e. Cierre y teja los extremos. Repita estos pasos para tejer los pájaros en los otros tres lados.

08 Haga cuatro cuadrados de ganchillo en las esquinas de la manta.

Tome los cuatro motivos de cuadrados restantes. Haga a ganchillo las vueltas 4 y 5 alrededor de estos cuadrados y únalos en las esquinas de la manta de este modo:

Vuelta 4: una el hilo A en un espacio de la esquina, (3 cad., 2 p. a., 2 cad., 3 p. a.) en el mismo espacio, * 1 cad., 3 p. a. en el siguiente esp. cad., 1 cad., 3 p. a. en el siguiente esp. cad., 1 cad., (3 p. a., 2 cad., 3 p. a.) en el siguiente esp. cad., rep. desde * dos veces, (3 p. a. en el siguiente esp. cad., 1 cad.) dos veces, una la vuelta con p. e., cierre (48 p.).

Vuelta 5: 4 cad. (cuentan como 1 p. a. y 1 cad.), (3 p. a., 2 cad., 3 p. a.) en el siguiente esp. cad., (1 cad., 3 p. a. en el siguiente esp. cad.) tres veces, 1 cad., (3 p. a., 1 cad., 1 p. b. en el esp. cad. del motivo del pájaro contiguo, 3 p. a.) en el siguiente esp. cad., (1 p. b. en el esp. cad. del motivo del pájaro contiguo, 3 p. a. en el siguiente esp. cad.) tres veces, 1 p. b. en el esp. cad. del motivo del

pájaro contiguo, (3 p. a., 1 p. b. en el esp. cad. del motivo del pájaro contiguo, 1 cad., 3 p. a.) en el siguiente esp. cad., (1 cad., 3 p. a. en el siguiente esp. cad.) tres veces, 1 cad., (3 p. a., 2 cad., 3 p. a.) en el siguiente esp. cad., (1 cad., 3 p. a. en el siguiente esp. cad.) dos veces, 1 cad., 2 p. a. en el siguiente esp. cad., una la vuelta con p. e. en la tercera cad. del primer p. a. (60 p.).

Cierre y teja los extremos.

09 Teja a ganchillo alrededor de la manta y termínela con un borde festoneado.

Vuelta 1: una el hilo A a un espacio de la esquina, (3 cad., 2 p. a., 2 cad., 3 p. a.) en el mismo esp., * (1 cad., 3 p. a. en el siguiente esp. cad.) cuatro veces, 1 cad., 3 p. a. entre dos cuadrados de ganchillo, ** (1 cad., 3 p. a. en el siguiente esp. cad.) tres veces, 1 cad., 3 p. a. entre dos cuadrados de ganchillo **, rep. desde ** hasta ** seis veces, (1 cad., 3 p. a. en el siguiente esp. cad.) cuatro veces, 1 cad. (3 p. a., 2 cad., 3 p. a.) en el esp. de la esquina, 1 cad., rep. desde * tres veces, una la vuelta con p. e.

Vuelta 2: p. e. en el esp. de la esquina, 1 cad. (cuenta como 1 p. b.), * (1 p. b., 1 p. m., 1 p. a., 1 p. a. d., 1 p. a., 1 p. m., 1 p. b.) en el esp. de la esquina, (1 p. b., 1 p. m., 1 p. a., 1 p. m., 1 p. b.) en los siguientes esp. cad. (un total de 34 festones), rep. desde * tres veces, una la vuelta con p. e. Cierre y teja los extremos.

APRENDA LOS PUNTOS

SIGA LAS INSTRUCCIONES PARA HACER LOS PUNTOS DE BORDADO A MANO QUE SE USAN EN LAS MANUALIDADES DE ESTE LIBRO.

Punto de cruz

Cómo enhebrar la aguja: haga un nudo en el extremo largo de la lana; introduzca la aguja en el derecho de su labor a varios agujeros de distancia en la dirección que va a coser; cuando llegue al nudo, córtelo.

Cómo hacer punto de cruz, método 1: de izquierda a derecha, haga una hilera de puntos en diagonal. Saque la aguja por 1, introdúzcala en 2, sáquela en 3. Repita los pasos. De derecha a izquierda, complete las X con una hilera de puntos en diagonal. Saque la aguja en 4, clávela en 5, sáquela en 6. Repita los pasos.

Cómo hacer punto de cruz, método 2: de izquierda a derecha, saque la aguja en 1, clávela en 2, vuélvala a sacar en 3. Introdúzcala en 4 y sáquela en 5. Repita los pasos.

Cómo rematar un hilo
Deslice la aguja a través de cinco o seis puntadas en el reverso de la labor para asegurar y rematar el hilo.

Punto de bastilla

Trabaje de derecha a izquierda. Saque la aguja en 1 e introdúzcala en 2. Sáquela en 3 e introdúzcala en 4. Repita.

Pespunte

Trabaje de derecha a izquierda. Saque la aguja en 1 e introdúzcala en 2. Sáquela en 3 e introdúzcala en 4. Repita.

Punto de tallo

Trabaje de izquierda a derecha. Saque la aguja en 1 y clávela en 2. Sáquela en 4 e introdúzcala en 4. Repita.

Punto de cadeneta

Trabaje de derecha a izquierda. Saque la aguja en 1 y clávela en 1, formando un pequeño bucle que se hace pasar por debajo de la aguja. Saque la aguja en 2 y clávela en 2, formando un bucle que pase por debajo de la aguja. Repita.

Punto de margarita

Saque la aguja en 1 y clávela en 2, formando un pequeño bucle. Saque la aguja en 3 y luego clávela en 4, bordando el bucle en el lugar que corresponda.

Nudo francés

Saque la aguja en 1. Dé dos vueltas con la hebra alrededor de la aguja. Clávela en 2, sosteniendo bien la hebra alrededor de la aguja mientras tira.

Punto de escapulario

Trabaje en líneas perpendiculares. Saque la aguja en 1. Clávela en 2 y vuélvala a sacar en 3. Clávela en 4 y sáquela en 5. Repita.

Punto de festón

Clave la aguja en 1, cerca del borde. Pasando la hebra hacia delante, vuelva a clavarla en el mismo sitio. Sáquela en 2, debajo del borde de la tela. Dejando la lazada bajo la aguja, tire del hilo de modo que la lazada quede en el borde. Repita.

PLANTILLAS

ESTAS SON TODAS LAS FIGURAS QUE APARECEN EN LAS MANUALIDADES. AMPLÍE TODAS LAS PLANTILLAS EN UN 200 % FOTOCOPIANDO LAS PÁGINAS, EXCEPTO EL COJÍN *VINTAGE* DE TELA EN FORMA DE PÁJARO, QUE SE DEBE AMPLIAR EN UN 400 %. TAMBIÉN ENCONTRARÁ LAS PLANTILLAS A TAMAÑO NATURAL LISTAS PARA DESCARGAR EN WWW.LOVECRAFTS.CO.UK.

BOLSA PARA PINZAS DE TENDER
LA ROPA CON GOLONDRINAS

Diseño con bordados
y apliques

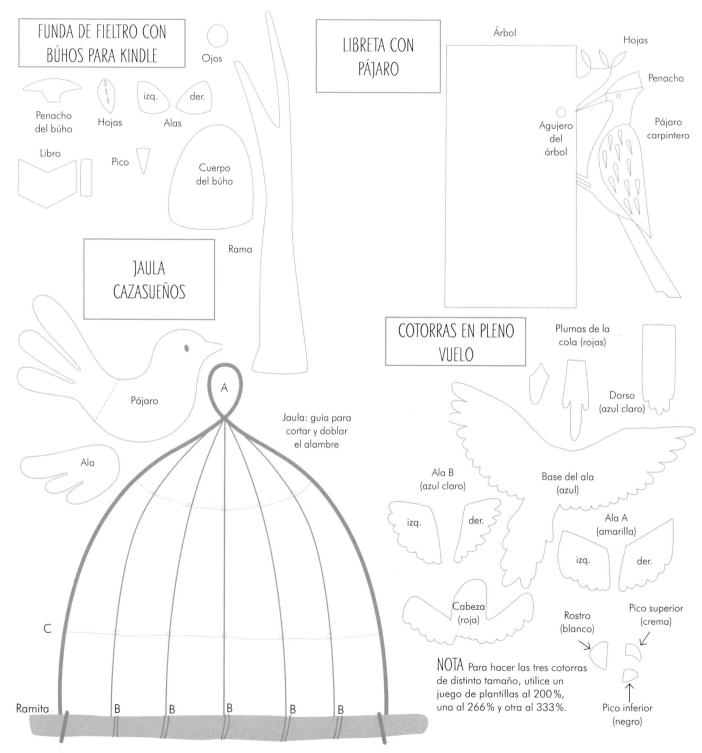

FUNDA DE FIELTRO CON BÚHOS PARA KINDLE

Ojos

Penacho del búho

Hojas

izq.

der.

Alas

Libro

Pico

Cuerpo del búho

JAULA CAZASUEÑOS

Rama

Pájaro

Ala

A

Jaula: guía para cortar y doblar el alambre

C

Ramita

B B B B B

LIBRETA CON PÁJARO

Árbol

Hojas

Penacho

Agujero del árbol

Pájaro carpintero

COTORRAS EN PLENO VUELO

Plumas de la cola (rojas)

Dorso (azul claro)

Ala B (azul claro)

Base del ala (azul)

izq.

der.

Ala A (amarilla)

izq.

der.

Cabeza (roja)

Rostro (blanco)

Pico superior (crema)

Pico inferior (negro)

NOTA Para hacer las tres cotorras de distinto tamaño, utilice un juego de plantillas al 200%, una al 266% y otra al 333%.

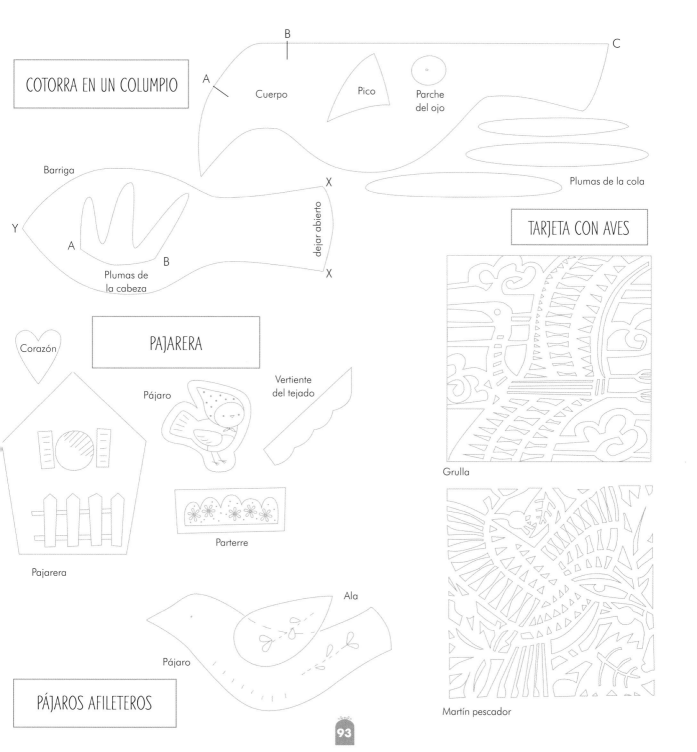

COTORRA EN UN COLUMPIO

B

C

A

Cuerpo

Pico

Parche
del ojo

Plumas de la cola

Barriga

Y

A

B

dejar abierto

X

X

Plumas de
la cabeza

TARJETA CON AVES

Corazón

PAJARERA

Vertiente
del tejado

Pájaro

Parterre

Pajarera

Grulla

Ala

Pájaro

PÁJAROS AFILETEROS

Martín pescador

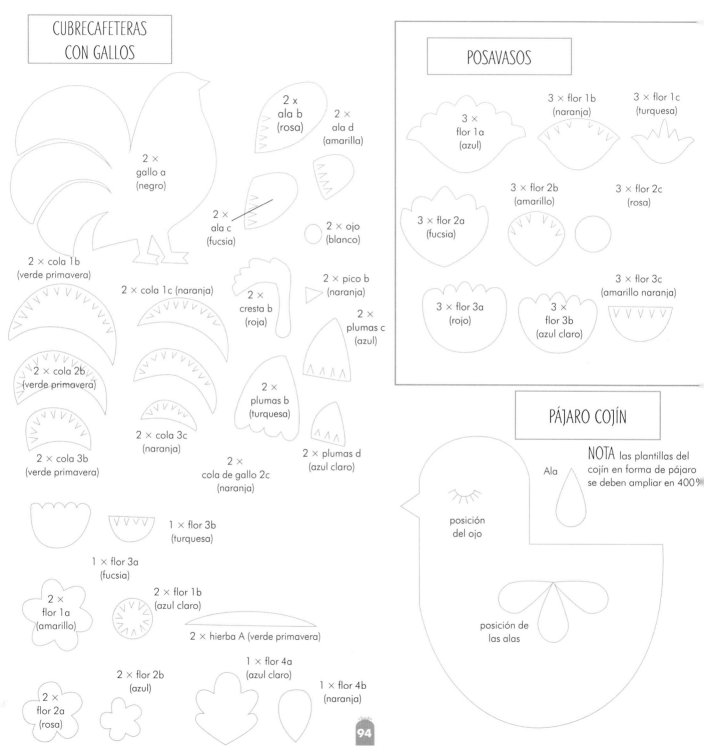

CUBRECAFETERAS
CON GALLOS

2 ×
gallo a
(negro)

2 x
ala b
(rosa)

2 ×
ala d
(amarilla)

2 ×
ala c
(fucsia)

2 × ojo
(blanco)

2 × cola 1b
(verde primavera)

2 × cola 1c (naranja)

2 ×
cresta b
(roja)

2 × pico b
(naranja)

2 ×
plumas c
(azul)

2 × cola 2b
(verde primavera)

2 ×
plumas b
(turquesa)

2 × cola 3c
(naranja)

2 × cola 3b
(verde primavera)

2 ×
cola de gallo 2c
(naranja)

2 × plumas d
(azul claro)

POSAVASOS

3 ×
flor 1a
(azul)

3 × flor 1b
(naranja)

3 × flor 1c
(turquesa)

3 × flor 2a
(fucsia)

3 × flor 2b
(amarillo)

3 × flor 2c
(rosa)

3 × flor 3a
(rojo)

3 ×
flor 3b
(azul claro)

3 × flor 3c
(amarillo naranja)

PÁJARO COJÍN

Ala

NOTA las plantillas del
cojín en forma de pájaro
se deben ampliar en 400%

posición
del ojo

posición de
las alas

1 × flor 3b
(turquesa)

1 × flor 3a
(fucsia)

2 ×
flor 1a
(amarillo)

2 × flor 1b
(azul claro)

2 × hierba A (verde primavera)

1 × flor 4a
(azul claro)

2 × flor 2b
(azul)

1 × flor 4b
(naranja)

2 ×
flor 2a
(rosa)

94

Clave
991 481 251A 331 844
698 946 254 855 187

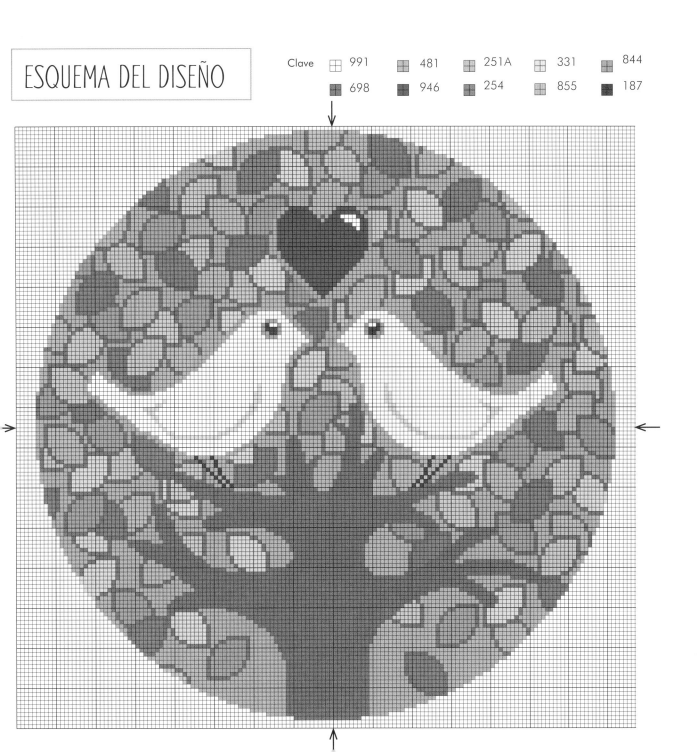

AGRADECIMIENTOS DEL EDITOR

Este libro no habría sido posible sin las aportaciones de todas nuestras habilidosas colaboradoras. También queremos dar las gracias a Cheryl Brown, que ha llevado a cabo un magnífico trabajo de recopilación, y a Sophie Martin, que se ha encargado de las tareas de diseño. Gracias a Mollie Johanson por habernos permitido utilizar sus diagramas de puntos, y a Kuo Kang Chen por sus excelentes gráficos.

Las fotografías del proyecto son de Rachel Whiting, en este orden: pág. 7, 11, 15, 21, 25, 29, 37, 41, 45, 49, 53, 57, 61, 69, 73, 77, 81, 85.

Y, naturalmente, estamos profundamente agradecidos al fantástico equipo de *Mollie Makes* por toda la ayuda que nos ha brindado, en especial a Jane Toft y a Katherine Raderecht.

Para más información sobre *Mollie Makes*, visite www.molliemakes.com

BLUME

Título original:
Mollie Makes... Feathered Friends

Traducción: Lluïsa Moreno Llort
Revisión de la edición en lengua española: Isabel Jordana Barón
Profesora de Moda
Escola de la Dona, Barcelona
Coordinación de la edición en lengua española:
Cristina Rodríguez Fischer

Primera edición en lengua española 2014

© 2014 Naturart, S. A.
Editado por Blume
Av. Mare de Déu de Lorda, 20
08034 Barcelona
Tel. 93 205 40 00 Fax 93 205 14 41
e-mail: info@blume.net
© 2013 Collins & Brown, Londres

ISBN: 978-84-15317-90-6

Impreso en China

WWW.BLUME.NET

Este libro se ha impreso sobre papel manufacturado con materia prima procedente de bosques de gestión responsable. En la producción de nuestros libros procuramos, con el máximo empeño, cumplir con los requisitos medioambientales que promueven la conservación y el uso responsable de los bosques, en especial de los bosques primarios. Asimismo, en nuestra preocupación por el planeta, intentamos emplear al máximo materiales reciclados, y solicitamos a nuestros proveedores que usen materiales de manufactura cuya fabricación esté libre de cloro elemental (ECF) o de metales pesados, entre otros.